KB138855

Kierkegaard

BRIDGE BOOK 2

키에르케고어의
자기 시험을 위하여

초판 1쇄 인쇄 | 2018년 6월 8일
초판 1쇄 발행 | 2018년 6월 18일

지은이 | 쇠얀 키에르케고어
옮긴이 | 이창우

발행인 | 강영란
기획편집 | 권지연
표지 디자인 | Papertiger 본문 | TRINITY
마케팅 및 경영지원 | 이진호

펴낸곳 | 도서출판 샘솟는기쁨
주소 | 서울시 충무로 3가 59-9 예림빌딩 402호
전화 | 대표 (02)517-2045
　　　 편집부 070-8119-3896
팩스 | (02)517-5125(주문)
이메일 | atfeel@hanmail.net

출판등록 | 2012년 6월 18일

ISBN　979-11-89303-02-0 (04100)
ISBN　979-11-89303-00-6 (세트) 04100

「이 도서의 국립중앙도서관 출판예정도서목록(CIP)은 서지정보유통지원시스템 홈페이지(http://seoji.nl.go.kr)와 국가자료
공동목록시스템(http://www.nl.go.kr/kolisnet)에서 이용하실 수 있습니다.(CIP제어번호: CIP2018017237)」

02
BRIDGE
BOOK

키 에 르 케 고 어 의

자기 시험을 위하여

Kierkegaard

쇠얀 키에르케고어 지음 | 이창우 옮김, 해제

샘솟는
기쁨

| 일러두기 |

이 책은 영역본으로 Søren Kierkegaard, *For Self-Examination / Judge For Yourself* tr. Howard V. Hong and Edna H. Hong, Princeton: Princeton University Press, 1990.을 번역하였고, 1944 년에 번역한 Walter Lowrie의 책을 참조하였다. 부언한다면, 만연체의 문장을 단문으로, 같은 단어라도 문장에 따라 의역했으며, 지시 대명사를 구체적으로 표현하려고 하는 등 가능한 한 알기 쉽도록 번역하였다. 그밖에 각주를 통해 독자의 이해를 돕고자 했다.

너희는 믿음 안에 있는가

너희 자신을 시험하고 너희 자신을 확증하라

예수 그리스도께서 너희 안에 계신 줄을 너희가 스스로 알지 못하느냐

그렇지 않으면 너희는 버림 받은 자니라

고린도후서 13:5

- 책 제목은 고린도후서 13장 5절 말씀에서 비롯되었다.
  바울은 고린도 교회에 강한 책망과 회개를 요청하면서 자신을 시험하고 확증하라는 것이다.

저자의 말 1

표현하도록 하라

우리는 "주의 두려우심을 알므로" 사람들을 설득하려고 한다.(고후 5:11)[1] 그러나 즉시 사람을 설득하려고 하거나, 무엇보다 먼저 사람을 설득하려는 마음은 신성모독이다. 그것은 하나님에 대한 두려움도 아니고 기독교도 아니다. 어떤 경우라도 세속적일 뿐이다. 그렇다.

먼저 노력하라. 무엇보다 당신이 노력하는 것이 하나님을 두려워하고 있다는 것, 즉 경외한다는 것을 표현하도록 하라. 이것이 내가 그토록 열망했던 바이다.

그러나 오, 하나님. 제가 단 한 사람도 설득하지 못한다고 해도 제 삶이 당신을 두려워하고 있다는 것을 표현한다면(입술로 장담하는 것은 기만이다!), 그때 모든 사람을 설득한 것과 같습니다. 반면 제가 사람을 설득해도 저의 삶이 당신을 두려워하고 있다는 것을 표현하지 못한다면(역시 입술로 장담하는 것은 기만이다!), 그때 모든 사람을 잃는 것입니다.

1851년 여름, 쇠얀 키에르케고어

---

1 우리는 주의 두려우심을 알므로 사람들을 권면하거니와 우리가 하나님 앞에 알리어졌으니 또 너희의 양심에도 알리어지기를 바라노라

저자의 말 2

홀로 큰소리로 읽으라

사랑하는 독자여, 가능하면 큰소리로 읽으라. 그렇게 한다면 감사할 것이다. 당신이 홀로 큰소리로 읽을 뿐만 아니라 다른 사람이 그렇게 하도록 한다면, 그들 한 사람 한 사람에게 감사할 것이다. 그리고 다시 당신에게 감사할 것이다.

홀로 큰소리로 읽음으로써 당신이 생각할 대상은 내가 아니라 오직 당신 자신이라는 강한 인상을 받을 것이다. 뿐만 아니라 나는 당신에게 '권위 없는 사람'이며 누구라도 그럴 것이다. 어떤 사람이든 혼란의 대상일 것이다.

1851년 8월 S.K.

옮긴이의 말

『자기 시험을 위하여』와
『스스로 판단하라』, 같이 읽기

　『자기 시험을 위하여』와 『스스로 판단하라』는 1851년에 원고가 완
성되었으나, 『스스로 판단하라』는 비판적인 내용으로 인해 출판을
미루다가 1876년에 유고집으로 출판되었다. 두 저서의 공통점은 당
시 "세속화된 루터교"를 비판하고 "진정한 기독교"를 변호했다는 점
이다. 두 저서의 주제를 한마디로 요약하면, 제자도 혹은 본받음이다.
1847년 이후 키에르케고어의 후기 저서는 기독교 없이 설명할 수 없
다. 그 정도로 그는 기독교를 변호했다.

　두 저서는 반드시 함께 읽어야 한다. 관점이 같기 때문이고, 그가
죽기 전에 기독교를 향한, 교회를 향한 최후의 뜨거운 열정이 담겨 있
기 때문이다. 이 두 저서와 관점을 같이 하는 사상서는 『죽음에 이르
는 병』과 『그리스도교의 훈련』이다. 따라서 이 사상서도 같이 읽기를
바란다. 이 같은 키에르케고어의 저서들은 모두 비슷한 시기에 출간

되었고,[2] 기독교를 최고의 이상으로 끌어올렸다.[3]

　그에 의하면 기독교의 본질은 행위요, 본받음이다.[4] 이 책의 1부는 행위의 본질을 담았다. 그리스도를 따르는 자가 어떤 길을 가는지 알고자 한다면 2부를 읽으라. 키에르케고어의 후기 작품 중에 인간 실존을 다루는 책이 『죽음에 이르는 병』이라면, 이 책은 그리스도인이 실존 문제를 극복하고 어떻게 그리스도의 길을 가는지에 관계한다. 그리스도인이 제자로서 그 길을 가려면 성령이 필요하다. 누구도 "맨정신"으로 그 길을 갈 수 없으니까. 따라서 2부가 그리스도께서 가신 "길"에 중점을 두었다면, 3부는 "성령"에 중점을 두었다.

　후기 저서들에서 이런 관점을 공유하는 책은 『그리스도교의 훈련』이다. 이 책의 3부는 그리스도인이 어떤 "길"을 가는지 집중해서 다루었다. 글쓰기가 독특한 키에르케고어는 자신의 이름의 강화집discourse이 있고, 가명으로 저술한 사상집이 있다. 『그리스도교의 훈련』은 그의 가명 안티 클리마쿠스가 저자이다. 안티 클리마쿠스는 키에르케고어가 내세운 가장 엄밀한 그리스도인이다. 『죽음에 이르는 병』도 같은 가명이다. 그리스도인의 사상적 배경을 알고 싶다면, 『죽음에 이르는 병』과 『그리스도교의 훈련』을 읽으라.

2　죽음에 이르는 병』은 1849년 7월, 『그리스도교의 훈련』은 1850년 9월에 출간되었다.

3　Søren Kierkegaard, 『그리스도교의 훈련』 임춘갑 역 (서울: 다산글방, 2005), 11.

4　Søren Kierkegaard, 『스스로 판단하라』 이창우 역 (서울: 샘솟는기쁨, 2017), 164.

그의 가명의 저서는 그리스도인이 되기 위한 핵심을 담고 있으나 단점은 행함이 없는 "사고 실험"이라는 점이다.[5] 뿐만 아니라 두 저서는 그리스도인에게는 부정적 측면을 다루고 있다. 『죽음에 이르는 병』은 절망을, 『그리스도교 훈련』은 실족을 다룬다. 그러나 이 책은 실족 대신에 믿음을, 절망 대신에 믿음의 승리를 말한다. 무엇보다 가장 큰 특징은 행함을 강조한다.

아마 키에르케고어만큼 야고보서를 좋아하는 사람도 없다. 그만큼 그는 행함을 강조했고, 예수 그리스도를 닮아가는 "제자도"를 강조했다. 하지만 문제는 그리스도인으로 살아가는 삶은 세상에서 "왕따"가 되어야 하지 않을까? 주님이 가신 그 길을 걷는 순간, 세상은 그런 이들을 그대로 두지 않고 핍박을 할 테니까.

따라서 그의 후기 두 저서를 깊이 읽다 보면 의문이 생긴다. 그렇다면 그리스도인으로 살아간다는 것은 세상에서 버림받는다는 것인가? 그리스도인은 행함으로 어떻게 세상을 변화시킨단 말인가? 하나님의 나라는 어떻게 이 땅에서 실현되는가? 아마 두 저서를 읽는다고 해도 이러한 질문의 해답을 찾기는 쉽지 않다.

키에르케고어를 통해 이런 질문의 실마리를 찾고 싶다면, 저서 중 『사랑의 역사』를 읽으라. "사랑의 역사"란 곧 사랑의 행위를 의미한

---

5 Søren Kierkegaard, *Spiritual Writings* Trans. George Pattison (New York: HarperCollins, 2010), xiii.

다. 제목 자체가 도발적이다. 그 당시 덴마크 사회는 루터교에 상당한 영향을 받았는데, 루터교의 핵심은 "오직 믿음으로" 말미암는 "의"를 강조했다. 행위와 공로를 신앙의 가장 위험한 물건이라고 취급하며 제거해버린 그 시대에 "행위"를 내세운다는 것은 일종의 교회에 대한 반역이었다.

그러나 『사랑의 역사』는 행위를 강조하나, 『자기 시험을 위하여』와 『스스로 판단하라』에서 나오는 행함의 강조점이 다르다는 것을 알 수 있다. 키에르케고어는 무엇보다 "내면의 변화"를 강조한 글을 많이 썼으나, 어쩌면 유일하게 개인이 세상에 어떤 영향을 끼치는지 생각하게 하는 저서가 『사랑의 역사』이다.

『사랑의 역사』는 이웃 사랑이 사랑의 본질임을 강조하며, 이웃을 사랑함으로써 믿는 자가 세상에 살아가는 방식을 전달한다. 『자기 시험을 위하여』의 독자는 반드시 『자기 시험을 위하여』와 『사랑의 역사』를 함께 읽기를 추천한다.

이 책은 라우리Walter Lowrie가 번역한 영역본, 홍Howard V. Hong, Edna H. Hong 부부의 영역본, 키에르케고어연구소에서 제공하는 덴마크어본을 참고로 번역하였다. 독자들이 읽기 쉽도록 중간 중간 소제목을 달았고, 장문은 단문으로 바꾸었다. 어려운 어휘는 영어와 덴마크어를 함께 제공했고, 설명이 필요한 부분은 각주로 옮겼다. 가능한 한 관련된 성경구절을 찾아 표기했다.

갈수록 출판 상황이 어려움에도 불구하고 책의 출간을 위해 힘써주신 출판사 강영란 대표님께 감사드리고, 키에르케고어를 알릴 수 있도록 도와주신 크리스천투데이 이대웅 기자님께도 감사드린다. 마지막으로 사역의 힘들고 어려운 현장에서 가장 힘든 길을 갈 때조차 끝까지 마음으로 밀어준 아내에게 감사드린다. 지금 이 순간에도 함께하는 그 은혜로 인하여 하나님께 감사드린다.

옮긴이 이창우 목사

CONTENTS

프롤로그

01

말씀의 거울 앞에서 자기자신을 보려면?

부활절 후 다섯 번째 주일 _ 21

02

그리스도가 길이다

승천일 _ 95

03

생명을 주시는 성령

오순절 _ 127

부록

해제1 순간의 오해와 역설적 제자의 의미 _ 161

해제2 자기해석학 _ 189

부록 키에르케고어의 일기와 기록 중에서 _ 213

프롤로그

진정한 설득력이란?

내 마음에 종종 떠올리는 것은 기독교 관점에서 '아무것도 빚지지 않은 사람의 말'이다. 도리어 그에게 빚진 심정이다. 그는 이방인이고, 오늘날 우리 상황과 상당히 일치하는 환경에서 살았다. 아무것도 모른다고 하면서 스스로 무지를 자각한 고대의 현자이다.[6]

그가 사형선고를 받았을 때 한 변호인이 잘 작성한 변론문을 그에게 건네주며 사용하라고 했다. 그러나 현자는 변론문을 읽고 나서 다시 변호인에게 돌려주며 말했다.

"훌륭한 변론문이군요."

그가 다시 변론문을 돌려준 것은 내용이 형편없어서 그랬던 것은

---

6   소크라테스이다. 키에르케고어는 종종 소크라테스를 인용하고 있는데, 여기에서는 그의 죽음을 다루고 있다. 그의 죽음은 잘 알려져 있다. 소크라테스는 글을 남기지 않았으나 그의 변증은 제자 플라톤이 쓴 『소크라테스의 변명』에 잘 나타나 있다.

아니다.

"내 나이 70살이오. 변론 기술을 활용하기에 적절하지 않소."

그가 이렇게 말한 데는 이런 이유가 있었다.

첫째, 내 삶은 진지해서 변론 기술을 활용할 필요가 없다. 지금까지 내 인생은 모험이었고, 사형에 처하지 않았더라도 마찬가지일 것이다. 나는 신 the god, Guden[7]에 대한 의무를 다했다. 내 인생의 마지막 순간인 지금, 뛰어난 변호인의 변론문으로 해서 내 인생의 흔적impression을 나 스스로 훼손하지 않기를 바란다.

둘째, 사람에 의해 알려진 대로 익살스러운 시인들에게 조롱거리가 되고, 기괴하다고 간주되어 매일 "익명의 사람들"(그의 말이다)에 의해 공격받았으나, 20년 동안 시장 사람들 누구든지 일인칭 대화를 나누며 발전시킨 생각, 사상 그리고 개념이 내 삶이고, 지금까지 나를 사로잡았다.

그것들은 아무도 사로잡지 못해도 나를 끊임없이 사로잡았다. 내가 뚫어지게 한 곳을 응시하며 하루종일 서 있을 때(특별히 관심을 끌었던 무엇)도 그 같은 생각들은 여전히 나를 사로잡았다.

그러므로 내게 사형선고가 내려지던 날, 무언가 말하려고 한다면 뛰어난 변호인과 변론 기술의 도움 없이 몇 마디 할 수 있다고 믿는다. 사형선고

7　원래 신(God)의 이름 앞에는 정관사는 부정관사를 쓰지 않는다. 그러나 키에르고어는 여기에서 정관서 "the"를 사용하여 기독교의 "하나님"과 구별하여 사용하고 있다. 이와 같은 사용은 『철학의 부스러기』에서는 더 구체화된다.

가 내려지는 상황도 중요하지 않다. 내가 말한 것은 그대로 기록될 것이

고, 지금까지 그랬던 것과 동일하고 동일한 방법일 것이다.[8]

어제 시장에서 가죽제품 제조업자와 대화한 것과 다름없이[9] 아무 준비 없

이 누구도 의지하지 않으면서 몇 마디 확실하게 말할 수 있다. 사실 아무

준비 없었던 것은 아니다. 지난 20년 동안 신의 도우심을 믿었으므로 아무

준비를 하지 않았던 것은 아니다.[10]

하지만 비록 몇 마디 안 되더라도 내 말을 계속 반복한다면 그들은 지루할

지도 모르나 앞으로 20년을 더 산다고 해도 지금까지 그랬던 것처럼 계속

말할 것이다. 그래서 뛰어난 변호인의 변론 기술은 그다지 필요하지 않다.

오, 진지한 사람이여! 당신은 오해 받고 독배를 비워야 한다.[11] 이해

받지 못했고, 그래서 죽었다. 그리고 2,000년이 지난 지금까지 존경받

고 있다. (내가 이해 받을 수 있는지 알 수 없다.)

바로 여기에 주목하라. 이를 설교와 관련되어 말하겠다! 설교가 이

처럼 진지해지면 안 되겠는가. 설교자는 기독교 정신과 사상이 매일

---

8 다음을 보라. Plato, *Gorgias*, 490 e; *Opera*, I, pp. 372-73; Heise, III, p. 111; *Dialogues*, p. 273: "칼리클레스:
   소크라테스 당신은 어떻게 같은 것을 계속 말할 수 있는가! 소크라테스: 칼리클레스, 그뿐만 아니라 같은
   문제들에 대하여도 말할 수 있다네."

9 "자연에 대한 연구는 인간의 관심이 아니라는 것을 확신하였고, 그렇기 때문에 일터라든가 장터에서 윤리
   적인 문제에 대하여 철학하기를 시작하였던 것이다." 키에르케고어의 저서 『철학의 부스러기』 표제명 역
   (서울: 프리칭아카데미, 2007), 22쪽 참고. 『디오게네스 라에르티오스』 2장 21쪽 참고.

10 『소크라테스의 변명』에서.

11 플라톤의 대화 편 『파이돈(Phaidon)』 참고.

매일 그의 삶에서 드러나야 한다. 이를 기독교 관점이라고 한다. 그래야 설교가 충분한 설득력eloquence이 있고, 특별히 준비하지 않아도 설교를 할 수 있다.

그렇지만 이것은 잘못된 설득이다. 곧, 이렇게 살지 못한 채, 기독교 사상에 사로잡히지 못한 채 앉은 자리에서 가끔 열심히 그런 생각들만 끌어모아 학문적인 영역으로 바꾼다. 그렇게 모은 것들을 가지고 한 편의 설교로 발전시킨다. 이를 잘 기억하려고 애쓰고, 목소리와 발음뿐만 아니라 몸짓으로도 기가 막히게 전달한다.

그렇다, 시설을 잘 갖춘 집안은 물을 얻기 위해 아래층으로 내려갈 필요 없이 위층에서 단지 수도꼭지만 누르면 물을 얻을 수 있듯이[12] 저 사람, 누구든지 신뢰할 만한 설교자는 그의 삶이 기독교의 본질이기에 매 순간 즉시 활용 가능한 현존의 설득력을 가지고 있다. 이것이 진정한 설득력이다.

그러나 수다쟁이들이 아무 준비 없이 수다스러울 수 있어도, 이 글에서 수다쟁이들을 명예의 전당에 앉히려는 의도는 없다. 게다가 성경이 이에 대해 말하고 있다.

"결코 맹세하지 말라. 오직 너희 말은 옳다 옳다, 아니라 아니라 하라. 이에서 지나는 것은 악으로부터 나온다."(마 5:34, 37)

---

12 압력 펌프를 의미한다. 그 당시에 이 압력펌프를 통해 물을 집으로 공급했다고 한다. 역사학자 T. F. Troels Lund는 1924년에 코펜하겐에서의 젊은 시절을 기억하며 말했다. "물을 여과시켜 고압으로 아파트의 위층까지 끌어 올리는 새로운 상수도가 설치되었다."

마찬가지로 악의적인 설득의 기술이 있다. 그것을 최고의 것이라
고 한다면 그렇다는 것이다. 그것은 아주 낮은 수준이라고 하더라
도 설교는 논쟁 능력이 있다거나 없다는 것으로 구별하고 확정짓지
[*befæste*] 말아야 한다.[13] 성령의 하나됨으로써 설교는 단순하고 오직 말
한 대로 행함에 관심이 고정되어야[*fæste*] 한다.(약 1:22-25)

아무것도 모르는 자여. 당신이 결핍된 자들에 속해 있더라도 삶이
그 작은 것을 표현하고 있다면, 어떤 설교자의 설교보다 강력하다. 그
리고 오, 여자여, 당신이 알 수 없는 침묵으로 말이 없더라도(고전 14:34)
삶이 당신이 들은 것을 표현하고 있다면, 당신의 설교는 어떤 연설가
보다 뛰어나고 진정성이 있으며 잘 전달하고 있다.

이것이 사실이다. 우리가 너무 높은 곳에 도달하려고 하는 것을 주
의하자. 그것을 해냈다는 결론에 도달하지 못하니까. 나의 독자여, 종
교적인 신념을 지나치게 높이 가지면 가질수록 엄격해진다는 것을
기억하라. 필연적으로 견디기 어렵다. 오히려 실족하게 되고 파국을
몰고 오기도 한다.

종교적인 신념은 낮은 형태여야 한다. 엄격한 종교적인 삶은 본질
이어야 한다. 그것은 당신이 감동할 만큼 설교presentation하는 기술이
필요할 수도 있다. 또한 그 설교문이 듣기 좋게 작성했더라도 무례하
거나 허약할 수 있다.

---

13 이 부분은 누가복음 16:19-31에 나오는 부자와 나사로를 암시하고 있다.

나의 독자여, 당신에게 이 마음이 있다면, 덕을 세우기 위해upbuilding, opbyggelse[14]이 책을 읽으라. 이 책은 내가 완전하거나 당신을 완전하게 하려고 쓴 건 아니다. 경건한 의미에서 불완전하고 나약하다.

나의 나약함을 고백한다. 나의 독자에게도 고백한다. 그때 당신도 나약함을 고백하게 될 것이다. 그렇지 않은가? 그러나 내게 고백하지는 말라. 그것은 요구하려는 것이 아닐 뿐더러 당신 자신이 하나님께 고백하기 바란다.

아, 아직 우리는 스스로 그리스도인이라고 일컫는다고 해도 기독교 관점에서 응석받이들이다. 지나친 응석받이여서 그리스도인이라고 일컫는 자들, 세상에서 죽은 자들[15]에게 요구하는 것과는 거리가 멀다.

대부분 이같이 진지하게 생각하지 않는다. 뛰어난 기교의 설교 없이 살 수 없고, 그로 인해 진정되는 효과를 포기할 수 없다. 현실적으로 진리의 충격을 견딜 수 없게 된 것이다. 그러나 적어도 고백하는 순간은 정직하게 인정해야 한다.

내가 무엇을 말하는지 왜 말하는지를 이해하지 못한다면 천천히 판단하십시오.(약 1:19) 시간을 좀 가지십시오. 이 주제에 더 가까이 가

---

14 "덕을 세운다"라는 말로, 이 말은 원래 고린도전서 8:1에서 나왔다. 키에르케고어는 그의 강화집에서 이 말을 자주 사용한다. 키에르케고어에게서 이 말이 어떤 의미로 사용되는지 구체적으로 알고 싶다면 『사랑의 역사』 2부 1장을 참고하라.

15 사도 바울의 중심이 되는 생각이다. 롬 6:2, 그리스도인들은 죄에 대하여 죽은 자들이다. 죄에 대하여 죽은 자가 어찌 그 안에 살겠는가? 이에 대하여는 벧전 2:24, 골 2:20도 함께 참고하라. 세상의 초등학문에서 그리스도와 함께 죽은 우리가 어찌 세상의 규칙에 순종하겠는가? 따라서 이런 사상은 신비주의와 경건주의에서 강조되었던 한 부분이다.

야 하니까. 또한 당신이 누구든지 확신을 가지고 자신을 내려놓으십시오.

누구보다 나약한 내가 권위를 사용한다는 것은 있을 수 없습니다. 당신을 멀리 끌고 가서 당신 자신을 내려놓은 것을 후회하도록 설득하거나 술책, 교활함, 어떠한 유혹도 사용하지 않을 것입니다. 당신도 자신을 내려놓은 것을 후회하지 말아야 합니다. 믿음이 강하지 않다면 더 그렇습니다. 나 또한 응석받이였다고 부끄럽게 고백합니다. 그러니 나를 믿으십시오.

저자 키에르케고어

01

말씀의 거울 앞에서
자기자신을 보려면?

• • •

부활절 후 다섯 번째 주일

Søren Aabye Kierkegaard, 1813-1855

야고보서 1장 22절부터 끝 절까지.[16]

22. 너희는 말씀을 행하는 자가 되고 듣기만 하여 자신을 속이는 자가 되지 말라.
23. 누구든지 말씀을 듣고 행하지 아니하면 그는 거울로 자기의 생긴 얼굴을 보는 사람과 같아서
24. 제 자신을 보고 가서 그 모습이 어떠했는지를 곧 잊어버리거니와
25. 자유롭게 하는 온전한 율법을 들여다보고 있는 자는 듣고 잊어버리는 자가 아니요 실천하는 자니 이 사람은 그 행하는 일에 복을 받으리라
26. 누구든지 스스로 경건하다 생각하며 자기 혀를 재갈 물리지 아니하고 자기 마음을 속이면 이 사람의 경건은 헛것이라
27. 하나님 아버지 앞에서 정결하고 더러움이 없는 경건은 곧 고아와 과부를 그 환난 중에 돌보고 또 자기를 지켜 세속에 물들지 아니하는 그것이니라

---

16 1851년 5월 25일, 부활절 후 다섯 번째 주일 말씀 본문

기 도

하늘에 계신 아버지!

우리가 무엇이기에 주께서 생각하시며, 우리가 무엇이기에 돌보시나이까.(시 8:4, 히 2:6)

어떤 일이나 어떠한 방법이나 그렇게 하십니다.

주님은 증언하지 않은 적이 없습니다.(행 14:17) 마침내 말씀을 주셨습니다.

주님은 이보다 더 많이 할 수 없습니다. 우리에게 말씀을 사용하도록 강요하거나,

읽도록 강요하거나, 듣도록 강요하거나, 말씀을 따라 행하도록 강요하거나,

이런 것들을 바라지 않았습니다.

아, 그러나 더 많은 것을 하십니다. 주님은 우리 같지 않습니다.

우리는 어떤 것을 거저 주는 법이 없습니다. 만일 거저 주었다면

그는 적어도 그로 인해 불편하기를 바라지 않습니다.

오, 하나님. 주님은 말씀을 선물로 주십니다. 무한히 숭고하신 분께서

그렇게 하십니다. 우리는 아무것도 보답할게 없습니다.

하나님께서는 단독자의 어떤 의지를 발견하기만 하면,

즉시 단독자 가까이에 계십니다. 단독자가 말씀을 올바로 이해하게 하려고,

인내 이상 거룩한 인내로 단독자 옆에 앉아 함께 하겠다고 말씀하는 분입니다.

단독자가 말씀을 따라

행하기 위해 분투할 때 거룩한 인내로 주님은 손으로 그를 잡고 도우십니다.

주여, 하늘에 계신 아버지여!

01

말씀의 거울 앞에서 자기자신을 보려면?

행위와 공로

시대는 다르다. 시대는 이따금 사람과 닮았다. 사람은 완전히 변하지만 새로운 모습으로 똑같이 어리석게 남아 있는 것처럼 시대 역시 그와 같다. 그럼에도 불구하고 시대는 다르고, 다른 시대는 다른 요구조건을 갖고 있다.

은혜의 복음이 새 율법으로 바뀌고, 옛 율법보다 더 엄격했던 시대가 있었다.[17] 기독교의 도래를 알리는 천사의 노래가 있었음에도 불구하고(눅 2:10, 14), 하늘에서도 이 땅에서도 더 이상 기쁨이 없었던 것처

---

17 중세시대를 의미한다. 뿐만 아니라, 수도원 생활을 암시한다. 그 당시에 "은혜"를 획득하기 위해, 영원한 구원을 얻을 수 있기 위해 많은 제한된 조건들과 금지조항들이 있었다.

럼 복음은 극심한 고문이 되어 버렸고 힘들고 불쾌해졌다. 보잘것없

는 자기학대를 자행하면서 하나님을 보잘것없는 분으로 만들어버렸

다. 이런 식으로 시대의 형벌을 가져왔다! 그들은 수도원으로 들어갔

고, 거기에 머물렀다.

　그래, 자발적 구속이었다. 하지만 사실 자발적이지 않았기에 그들

은 결단하지 못했고, 수도원에서 행복하지도 자유하지도 못했다. 수

도원 생활을 중단하고 그곳을 떠나 자유롭게 될 만한 담대한 확신도

없었다.

　모든 것은 선한 행위가 되어 있었다.[18] 건강하지 못한 나무의 성장

처럼 이러한 행위 역시 건강하지 못한 성장 탓에 무너져 내렸다. 이리

하여 행위는 위선뿐이었고, 공로merit, *fortjenstfuldhed*[19]의 교만, 무익idleness

이 되어 있었다. 오류는 거기에 있었고 행위는 많지 않았다.

　우리는 너무 멀리 가지 말자. 옛 시대의 오류를 새로운 오류의 구실

로 삼지 말자. 그래, 이 건강하지 못함과 허세를 행위에서 날려 버려

야 한다. 정직함으로, 겸손함으로, 유익한 활동으로 행위를 간직하자.

　예를 들어, 행위에 대한 접근 방법은 위험한 임무 수행을 위해 자발

적으로 상관에게 간청하는 젊은 군인의 행위와 같아야 한다. 그는 상

18　독자들은 "오직 믿음으로"라는 구호 아래 믿음만을 강조했던 루터교 영향권에 있던 덴마크에서 행위를
　　강조하고 있는 『사랑의 역사』를 출판하기 주저했던 키에르케고어를 상기할 필요가 있다. 그럼에도 그에
　　게서 중세시대의 "행위"는 문제가 있었다.
19　공로는 루터교의 교리에서, 자발적인 가난, 금욕, 금식과 같은 것을 포함하여 행위를 통해 구원을 획득하
　　거나 의롭게 될 수 있다는 잘못된 믿음을 표현한 것이다.

관에게 말한다.

"그 임무를 내게 맡기지 말아 주십시오."[20]

같은 방식으로 하나님께 다음과 같이 말할 수 있다.

"내가 재산을 팔아 가난한 사람에게 나누어주지 않도록 하십시오. 이것이 대단한 공로가 되어서는 안 됩니다. 절대로 안 됩니다. 맞습니다. 내가 구원받았다면 십자가 상의 강도처럼(눅 23:42) 은혜로 구원받았다는 것을 깊이 겸손하게 깨닫고 있습니다. 그러나 형제자매 중에 제가 하나님 나라의 확장을 위해 일하도록 하지 마소서."[21]

그렇다. 이것이 내가 루터교에 대해 말하는 방식이다. 사탄의 반항에도, 신문들이나 존경받는 대중들의 반항에도(교황의 시대는 과거니까), 깨어 있는 교회의 반대에도, 가장 영리한 남자들과 여자들의 반대에도, 이 모든 반항이 있었음에도 불구하고 이것이 하나님께 기쁨이 되었다. 그러나 이런 일은 우리가 이야기하고 있는 시대[22]에는 존

20　행위가 제거된 예이다. 전쟁 중에 임무를 수행하기 위해 자발적으로 군에 입대한 병사가 행위가 공로가 되지 않도록 도와 달라는 것이다. 전쟁에 승리라도 한다면, 전쟁의 영웅으로 공로를 독식할 테니까.

21　이 말은 중세시대보다 더 타락한 개신교의 복음의 변질을 비판한 것이다. 마태복음 19:16-22을 참고하라. 어느 날 부자청년이 예수님께 찾아온다. 그는 예수님께 어떻게 하면 영생을 얻을 수 있는지 질문한다. 십계명을 행하라는 예수님의 대답에 그는 다 지켜 행했다고 말한다. 그때 예수님은 다음과 같이 말한다. "네가 완전하게 되려면, 네 소유를 팔아 가난한 자들에게 주라." 그러나 청년은 근심하다가 떠났다는 내용이다. 말씀에는 나오지 않지만, 키에르케고어는 근심하며 떠나는 청년의 말을 이와 같이 창작한 것이다. 이런 식으로 떠났다면, 이 청년은 행위가 공로가 되지 않도록 아예 공로와 함께 행위를 버린 것이다. 이런 복음의 변질은 중세시대보다 더 끔찍하다. 중세는 적어도 잘못된 행위라도 간직하고 있었기 때문이다. 그러나 이후에 기독교는 쉽게 공로로 바뀌는 행위는 위험한 것이므로, 오직 믿음으로만 구원을 받기 위해 행위를 버렸다는 것이다. 마치 목욕물과 함께 아이를 버린 것처럼.

22　루터가 살았던 시대를 의미한다. 키에르케고어는 루터 이후 약 300년이 지난 그 당시 루터교는 루터의 주

재하지 않았다.

당시 믿음을 들고 하나님의 사람 루터[23]가 나타났다. 그는 믿음을 가지고(정말 이것은 믿음을 요구했으니까) 혹은 믿음에 의해 정당한 권리로 믿음을 세웠다. 그의 삶은 행위를 표현했다. 이를 망각하지 말자. 그는 말했다.

"사람은 오직 믿음으로만*alene ved* Troen, sola fide[24] 구원을 얻는다."

대단히 위험한 일이었다. 루터에게 얼마나 위험한 일인지, 나는 루터가 야고보 사도를 내동댕이쳐야 한다고 했던 것보다 더 강한 표현을 알지 못한다.[25] 사도에 대한 루터의 존경심을 기억하라. 믿음의 권리를 회복시키려고 이처럼 감히 그랬다는 것을 상상하라!

그런데 어떤 일이 일어났는가? 틀림없이 '그리스도인'이라고 불리기를 원하지만 될 수 있으면 싼값에 그리스도인이 되기를 바라는 세

장과는 완전히 달라졌다는 것을 비판하려는 것이다.

23 루터는 독일의 종교개혁자이다. 키에르케고어는 무의미한 루터교회의 형식주의에 반대하였다. 그럼에도 불구하고 키에르케고어가 말하는 루터의 평가는 완전히 비판적이지는 않다. 오히려 그는 본 저서인 『자기 시험을 위하여』에서 루터를 "믿음의 영웅"으로까지 평가한다. 그에 의하면, 개신교의 변질은 루터가 만든 것이 아니라, 그 이후의 루터의 해석자들이다.

24 대표적인 루터의 교리이다. 이 말에는 행위가 없다는 것을 암시하고 있다. 특별히 로마서 3장 28절에 표현되어 있다. "그러므로 사람이 의롭다 하심을 얻는 것은 율법의 행위에 있지 않고 믿음으로 되는 줄 우리가 인정하노라" 루터는 이 말씀에 "오직"이라는 말을 첨가함으로써 더욱 날카롭게 한다. 이 "오직"은 로마서 1장 17절에서 나온 그의 강조일 것이다.

25 신약성서를 독일어로 번역한 서문에서(1522), 루터는 요한복음과 바울, 베드로 그리고 요한 서신과 비교하여 야고보 서신을 "지푸라기 서신"이라고 부른다. 그는 복음이 부족하다고 생각했기 때문일 것이다. 다음을 보라. *Dr. Martin Luther's sammtliche Werke*, I-LXVII (Erlangen, Frankfurt am Main: 1826-63), LXIII, pp. 156-58; *Works of Martin Luther*, I-VI, ed. Paul Zeller Strodach (Philadelphia: Holman, 1932), VI, p. 444; 또한 다음을 보라. 『결론의 비학문적 후서』 프린스턴 영역본, *Postscript*, KW XII(SV VII 16).

속주의secular mentality는 언제나 존재했다. 이 세속주의는 루터를 잘 알고 있었다. 세속주의는 루터가 하는 말을 듣고 있었고, 자칫 제대로 듣지 못할까, 안전을 위해 다시 또 들었다. 세속주의자들은 이렇게 빈정거렸다.

"훌륭해! 대단한 거야. 루터는 '오직 믿음뿐이다'라고 했지. 그는 자신의 삶을 행위로 표현하고 있다고 말하지 않았어. 그는 죽었고, 더 이상 실현될 수도 없지. 이제 우리가 그의 말, 그의 교리를 가져 오자. 우리는 행위에서 해방되었다. 오래 사시라, 루터 양반!"

Wer Nicht liebt Weiber, Wein, Gesang Er wird ein Narr sein Leben lang
여자, 와인, 노래를 사랑하지 않는 자는 평생 바보가 될 것이다.[26]

세속주의자들은 말했다.
"이것이 루터의 삶의 의미야. 이 하나님의 사람은 시대의 요구에 따라 기독교를 개혁할 수밖에 없었지."
이처럼 사람들이 세속적으로 루터를 망령되게 일컫지 않더라도,

26　일반적으로 부정확하게 루터를 향해 던져진 구호이다. 이 구호는 처음으로 Matthias Claudius의 *Wandsecker Bothen*, 75(1774년)쪽에 나왔다. 그리고 독일의 시인이자 번역가였던 Johann Heinrich Voss(1751-1842) 의해 하나의 작품처럼 보인다. 이 문장은 키에르케고어가 소유했던 판본을 포함하여 후대에 나온 판본에서는 생략된다. Voss는 이 문장 외에 다른 작품들로 인해 위법행위를 한 선생으로서 Hamburg에 있는 Johanneum에서 생을 마감한다. 이 부분을 통해, 시대는 다르고 다른 시대마다 루터에 대한 인식이 달라졌다는 것을 유추할 수 있다.

인간은 행위works와 관련하여 공로merit를 얻기 원하든가, 믿음과 은혜가 강조되어야 할 때 행위에서 자유롭기를 바라는 경향이 있다. 하지만 하나님의 피조물인 "합리적인 인간"은 스스로를 속이지 않는다.(갈 6:7) 그저 시장바닥을 헤매는 촌뜨기가 아니다. 스스로 알아차린다. 인간은 말한다.

"그래, 양자택일이야. 행위가 되어야 한다면 좋아. 그러나 행위에서 비롯되는 합법적 이익을 요구해야지. 그래야 행위는 공로가 되는 거야. 그것이 은혜가 되어야 한다면 좋아. 나는 행위에서 자유롭게 되기를 요구해야 해. 행위이면서 은혜여야 한다면 그것은 광기야."

그렇다. 이것이 진짜 광기이자 진정한 루터주의Lutheranism일 것이다." 이것이 기독교의 요구조건이다. 당신의 삶은 가능한 한 맹렬하게 행위를 표현해야 한다. 그때 한 가지가 더 요구된다. 당신은 겸손하게 고백해야 한다는 것이다.

"내가 구원받은 것은 그럼에도 불구하고 은혜입니다."

기독교는 어떠한가. 삶은 가능한 한 맹렬하게 행위를 표현해야만 한다. 그리고 한 가지 더 요구한다. 구원받은 것은 은혜라고 겸손하게 고백해야 한다.

사람들은 공로에 대한 중세시대의 오류를 혐오한다. 그러나 이 문

---

27 키에르케고어는 루터를 비판하는 것이 아니라, 이후에 나타난 "루터주의" 혹은 세속화된 "루터교"를 비판하고 있음을 명심해야 한다.

제를 더 깊숙이 들여다보면, 중세시대보다 행위는 곧 공로라는 훨씬 더 큰 개념을 갖고 있다는 것을 알 수 있다. 그들은 행위에서 자유롭게 되기 위해 은혜를 적용시켰다. 그들은 행위를 제거했기 때문에, 행하지도 않는 행위를 공로로 간주하는 유혹에 빠질 수 없었다. 루터는 행위에서 "공로"를 제거하고자 했고, 그것을 약간 다르게 적용시켰다. 즉, 진리의 증인이 되는 것이다. 세속주의자들은 루터를 확실하게 알아차렸기에 행위를 포함한 공로를 함께 없애고 말았다.

요동치는 믿음

우리는 지금 어디에 있는가? 나는 권위가 없다. 내가 누군가를 판단하다니 말도 안 된다. 그러나 이 문제가 깨끗이 사라지기를 바라기에 나를 데리고 가서 잠시 믿음에 대해 루터의 자격요건에 따라 내 삶을 시험해야 한다. 믿음은 요동치는 것restless thing이니까.[28]

마침 루터가 무덤에서 부활했다고 가정하자. 그는 수 년 동안 우리 사이에서 미행하고 있었다. 우리가 살아온 삶을 지켜보면서 사람들과

28　다음을 참고하라. Martin Luther, sermon on Luke 17:11-19, Fourteenth Sunday after Trinity, *En christelig Postille* . . . , I-II, tr. Jørgen Thisted (Copenhagen: 1828; ASKB 283), I, p. 501 (ed. tr.): "여기에서 당신은 믿음이 얼마나 살아 있는 강력한 것인지 본다." Geist aus Luther's Schriften oder Concordanz . . . . I-IV, ed. Friedrich W. Lomler et al. (Darmstadt: 1828-31; ASKB 317-20), II, pp. 355, 356, 357, 359, 360.

나를 점검했다. 어느 날 그가 말을 걸었다.

"당신은 신앙인인가, 믿음이 있는가?"

나를 작가로 알고 있는 누구나 그런 시험에 대해서는 내가 최고인 사람이라고[29] 인정할 것이다. 끊임없이 "나는 믿음이 없다"[30]라고 말했으니까. 이것은 폭풍 속에 날아가는 새의 경고 비행처럼 무엇인가 불길한 일이 일어날 수 있다는 전조를 표현한다.

"나는 믿음이 없습니다."

그래서 루터에게 말할 수 있었다.

"아닙니다. 친애하는 루터 씨, 나는 믿음이 없다고 말함으로써 존경심을 보여드린 겁니다."

믿음을 강요하지 말아야 한다. 사람들이 스스로 그리스도인이고 신앙인이라고 일컫듯이 나 또한 "신앙인입니다"라고 해야 한다. 그렇지 않으면 내가 제거되길 바라는 것이 결코 제거되지 않기 때문이다. 나는 다시 대답한다.

"맞습니다. 나는 신앙인입니다."

루터가 말한다.

"그런데 왜 당신 안에는 내가 알아차릴 수 있는 것이 없는가? 나는

---

29 이 부분은 키에르케고어라기보다 기독교의 최고의 이상을 제시한 가명의 저자 안티클리마쿠스일 것이다.

30 이 진술과 관련해서는 최고의 기독교 이상성을 제시한 안티클리마쿠스의 작품을 보라. 프린스턴판 영역본 참고. *Sickness unto Death* 그리고 *Practice*, KW XIX, XX(SV XI, XII), 그리고 특별히 *Practice*(SV XII xviii)의 서문. 한글역본으로, 『그리스도교의 훈련』 임춘갑 역 (서울: 다산글방, 2005), 11.

당신의 삶을 지켜보았다. 당신은 믿음은 요동치는 것이라는 것도 알고 있다. 당신의 말대로 믿음이 있는데, 당신을 요동치게 하는 믿음의 목적은 무엇인가? 어디에서 진리의 증인이 되었는가? 도대체 언제 비진리에 저항한 증인이었는가? 어떤 희생을 했는가? 기독교를 위해 핍박당하고 고난당했는가? 집에서 가정생활에서 얼마나 자기를 부인하고 자기를 포기했는가?"

"네, 친애하는 루터 씨. 나는 믿음이 있다고 장담합니다."

"장담한다, 장담한다. 그것은 또 무슨 말인가? 믿음이 있다면 어떤 장담도 필요없다. (믿음은 요동치는 것이므로 즉시 알아볼 수 있으니까.) 그리고 믿음이 없다면 어떤 장담을 해도 도울 수 없다."

"그래도 좀 믿어 주십시오. 나는 가능한 한 엄숙하게 장담합니다."

"나원참, 그만 하시오! 그런 장담이 무슨 소용이 있단 말이오!"

"당신이 내 책들 중에 하나라도 읽었다면, 내가 믿음을 어떻게 서술했는지를 알 것입니다. 나는 믿음이 있어야 한다는 것을 압니다."

"그런 놈은 미쳤다고 믿소! 믿음을 서술한다면, 당신은 그저 시인poet이라는 것을 보여주는 것뿐이오. 그런 일을 잘할 수 있다면 좋은 시인이지 신앙인이 아니오. 믿음을 서술할 때 울기도 할 거요. 그렇다면 좋은 배우라는 것을 입증할 뿐이오. 당신은 감정에 사로잡혀 극장에서 집에 돌아갈 때까지 울고, 며칠 동안 틀림없이 저 늙은 배우의 연기를 기억할 거요. 그것이 좋은 배우인 것이오."

루터가 계속 말한다.[31]

"아닙니다. 친구여, 믿음은 요동치는 것이오. 믿음은 요동칠 때 건강한 것이지요. 이 믿음은 가장 불타오르는 열병보다 더 강하고 더 격렬하오. 의사가 환자의 맥박에서 열을 느낄 때 그가 열병이 없다고 항변하는 것은 소용이 없는 일이오. 혹은 의사가 맥박을 재보고 열이 없다고 말함에도 불구하고 그는 열병이 있다고 말하는 것도 소용이 없는 일이오.

마찬가지로 누군가 당신의 삶에서 믿음의 맥박을 느낄 수 없다면 믿음이 없는 거요. 누군가 당신의 삶에서 맥박처럼 믿음이 요동친다는 것을 감지할 때 믿음이 있고, 믿음의 증인인 것이오. 이것이 설교의 본질이어야 하오. 설교는 책에 서술했듯이 믿음을 서술하는 것이 아니고, 설교자로서 '조용한 시간'에 믿음을 서술하는 것도 아니오. 내가 설교는 교회가 아니라 거리에서 해야 한다[32]고 했듯이 설교자는 배우가 아니라 증인이어야 하오. 믿음, 이 요동치는 것은 삶에서 분별이 가능해야 하오."

그렇다, 믿음은 요동치는 것이다. 이를 좀 더 강조하기 위해 믿음의 영웅이나 진리의 증인에게 있는 믿음의 요동침을 서술하도록 하자.

---

31 역자가 추가한 문장.

32 다음의 루터의 설교를 참조하라. Luther, sermon on Acts 6:8-14, Second Christmas Day (St. Stephen's Day), *Postille*, II, p. 66; *Dr. Martin Luther's Church-Postil* (New Martet, Va.: New Market Evangelical Lutheran Publishing Co., 1869), p. 102.

매 순간마다 주어진 현실이 있다. 수천, 수백만의 사람들은 각각 일
하고 있다. 공무원은 공무원의 일을, 학자는 학자의 일을, 예술가는 예
술가의 일을, 사업가는 사업가의 일을, 비방자는 비방자의 일을, 빈
둥거리는 자도 역시 빈둥거리는 일을 하느라고 바쁘다. 그런 식으로
세상 일은 계속 바쁘다. 사람들은 현실을 구성하고 있는 다양한 모순
crisscrossing game 사이에서 일을 하고 있다. 한편 수도원 골방 혹은 외딴
방에 있던 루터처럼 두려움과 떨림 그리고 많은 영적시험*Anfægtelse*[33] 가
운데 고독한 사람도 멀리 있지 않다. 고독한 사람! 그렇지, 이것은 진
리이다.

그러나 개혁이 숫자(수적인 것), 군중 혹은 '높이 존경받는 자들'과
'높이 존경받는 교양 있는 대중'에게 흘러나온다고 상상한다면, 이 시
대가 발명한 비진리이다. 물론 종교개혁을 의미한다. 가로등 문제나

---

33 다음을 참조하라. Fear and Trembling, p. 31, KW VI (SV III 61). "영적시험"은 "유혹(temption)"과는 대
조되고 "시험(test)"과 관련되어 있어, 자신이 생각하는 능력 혹은 일반적으로 인정되는 기대를 넘어서는
모험과 연루된 몸부림(struggle)과 고통이다. 다음을 보라. JP IV 4364-84 그리고 pp. 692-94; VII, p. 90.
그 예로는 다음을 보라. Either/Or, II, KW IV (SV II 112-14, 126, 289, 298); Anxiety, pp. 117, 120, 143,
KW VIII (SV IV 385, 388, 408-09); Postscript, KW XII (SV VII 12, 15, 18, 32-33, 109-10, 112, 226,
399-400). 그의 작품 전체에서는 기본적으로 관련된 4가지 정도의 용어가 등장한다. "유혹하는 것(시험
하는 것, to tempt, fristede)," "유혹(temptation, friste, Fristelse)"; "시험하는 것(to test)," "시험(test, *prøve*,
Prøve)"; "시도하는 것(to try, *forsøge*)"; "시련(ordeal, *Prøvelse*)," 이 모든 용어들은 본질적으로는 같은 의미
를 갖고 있다. 즉, 시험 혹은 시련을 통해 시도해 보는 것이다. 그렇지만 "유혹하는 것(to tempt)"은 그의
작품에서 두 가지 의미로 사용된다. (1) 성서적인 보고 형태가 제공될 때마다, 이 용어는 "시험(to test)"
을 뜻한다. 이것은 그 당시에 덴마크 성경의 용어였기 때문이다. (2) 그렇지만 더 고차원적인 것과 관련
하여 더 낮은 것에 대한 일반적인 끌림에서 "유혹(temptation)"의 의미로 사용된다. 그러므로 하나님을
향한 절대적 의무와 관련하여 보편적인 것으로서 윤리적인 것은 유혹일 수 있다.

대중의 교통수단에 대한 개혁은 대중에게 비롯되는 것이 옳지만, 종
교개혁을 대중이 해야 한다면 반항적이며 진리가 아니다.

그때 거기에 영적시험 중에 있는 고독한 사람이 있다. 나는 인간의
영혼에 대하여 잘 알고 있는 자(심리학자)로 동시대인들에게 인정받
는 것을 즐긴다. 사람들이 가장 확실하게 유혹*Fristelser*에 노출되어 왔다
는 것을 목격한 적이 있다고 증언할 수도 있다. 그러나 나는 영적시험
중에 시험을 당했다고 감히 말할 만한 어떤 사람도 본 적이 없다.

거기에 앉아 있는 저 고독한 사람의 상태를 보자. 영적시험과 고독
한 상태로 한 시간 정도 노출된 것을 비교할 때 아니, 유혹에 1년 동안
노출된다고 해도 그것은 아무것도 아니다. 그는 앉아 있다. 혹은 이
설명을 더 좋아한다면, 그는 우리 안에 갇힌 사자처럼 이리저리 서성
이고 있다. 그러나 그를 가둔 분은 놀랄 만하다. 그는 하나님에 의해
혹은 하나님의 개입으로 자기자신 안에 갇혔다.

영적시험으로 고난당한 것을 이제 실행해야 한다. 당신은 그가 즐
긴다고 생각하는가? 확신하는데, 기뻐서 소리지르며 이 길을 내려가
는 사람은 부르심을 받은 사람이 아니다. 부르심을 받은 자들 중에 시
험이 면제되기를 원하지 않는 사람은 단 한 사람도 없었다. 아이가 애
원하고 탄원하는 것처럼 시험이 면제되기를 애원하고 탄원한다. 그러
나 아무 소용이 없다. 그는 계속 가야 한다.

이리하여 그가 발걸음을 내딛을 때 두려움이 폭동을 일으킬 것이
라는 것을 안다. 두려움이 폭동을 일으킬 때 부르심을 받지 않는 자는

깜짝 놀라 뒤돌아 도망친다. 그러나 부르심을 받은 자. 아, 내 친구여, 그 역시 두려움 앞에서 떨며 뒤돌아가고 싶다. 그가 뒤돌아 도망치자마자 그가 본 것은 그 앞에 있는 훨씬 더 큰 공포, 영적시험의 공포를 알아차린다. 그래서 그는 계속 앞으로 전진할 수밖에 없다. 그래서 앞으로 전진한다. 이제 그는 조용하다. 영적시험의 공포가 용기를 줄 수 있는 어마어마한 훈련가이기 때문이다. (갈 3:24)

두려움이 폭동을 일으킨다. 가까이 있든 멀리 있든, 주어진 현실에 속한 모든 것들은 영적시험을 당한 자에 맞서 무장한다. 그러나 이것들이 그를 두렵게 하는 것은 불가능하다. 이상하게도 그는 오직 하나님만을 두려워하기 때문이다. 모든 것이 그를 공격하고, 그를 미워하고, 그를 저주한다. 그에게 충성했던 몇몇 사람들조차 그를 향해 소리친다.

"조심하세요! 당신은 자신과 다른 모든 사람들을 불행에 빠지게 하고 있다고요. 당장 멈추세요! 공포가 더욱 커지지 않게 하세요. 당신 입에서 나오는 말을 되새기고 방금 말했던 것을 취소하세요."

나의 독자여, 믿음은 요동치는 것이다.

내적성숙을 위한 요동침

그렇다면 내가 소란, 모든 것의 전복, 혼란을 설교한다는 것인가?

그렇지 않다. 작가로서 내가 하는 작업을 알지 못한다면 이런 장담을 인정할 것이다. 그러나 작가로서 내가 하는 작업을 알고 있다면 내가 그렇지 않다는 것을 알 것이다.

기독교 관점에서 두 종류의 혼란이 있다. 하나는 소란tumult, 외부방해disturbance이다. 또 혼란은 죽음의 침묵stillness, 죽는 것dying out이며, 이 것이 가장 위험하다. 나는 후자를 막기 위해 행동했고, 내적성숙inward deepening을 지향하며 요동침restlessness을 일깨우려고 했다.

내가 어떤 입장인지 솔직하게 말하겠다. 우리들 중에 이 교회에서 매우 존경받고 있는 어르신, 최고 성직자가 있다.[34] 그는, 그의 설교는

---

34 Jakob Peter Myster(1775-1854)를 말하며 그는 Sjælland의 주교였다. 다음을 보라.
   … 주교 뮌스터의 설교에 대하여. 보라, 최근 나의 책 중에서(『자기 시험을 위하여』) 주교 뮌스터와 나와의 관계에 대하여 내가 말한 것에 대해 내가 감동을 받고 있다. "그의 설교, 그가 원하는 것은 내가 원하는 것과 같다. 더 고차원적인 기록으로만." 그러나 내가 원하는 것이 그가 원하는 것과 같다는 것을 말하는 것은 아니다. 아니, 어떻게 그것이 나의 마음에 떠오를 수 있겠는가. 그가 "월요일"에 원했던 것. (내가 실제로 감히 철저하게 말하지 못했던 것이다. 그것은 내가 원했던 바이다.[바뀐 것: 내가 원하지 않았다.]) 그러므로 그것은 그가 원했던 바를 말하고 있다. 그때 신중을 기하거나 신중 그 이상을 하고 있는 것이 그의 설교이다. 내가 원하는 바와 같다. 이것은 사실이다. 그러나 더 고차원적인 기록에서. 왜 그러한가? 간단하다.
   먼저 나는 기독교에 어떤 쟁점들을 끄집어내기 원한다. 그것은 뮌스터 설교의 배후에 깔려 있다. 다음으로 이것은 나의 특별한 관심거리이다. 이 모든 것이 어떻게 잘 들어맞는지, 이 문제에 대하여 우리는 자신을 어떻게 이해하고 있는지, 나는 특별히 인식시켜주고 싶은 것이다. 우리가 스스로를 그리스도인이라고 부르는 권리로. 우리의 현실이 "월요일"이 일요일의 엄숙성과 잘못된 관계에 있을 때 그렇게 하자는 것이다. 우리가 그리스도인이라고 부르는 것을 정당화할 수 있는 것이 주일의 인위적인 엄숙성이든, 이것을 결정해야 하는 것이 실제로 월요일이 아닌, 우리의 기독교가 월요일(현실)이 우리와 함께 하는 것처럼 존재해야 한다면, 우리 모두 일요일의 엄숙성과 더불어 기독교를 고백하지 않을 수밖에 없든, 이 국교화된 기독교(the established Christianity)는 실제로 교회가 아니라 빛바랜 근사치라는 것을 인정해야 한다. 슬프다, 이것이 반대 방향에 있지 않았다면, 점점 더 기독교와 동떨어지지 않았다면 좋으련만. 이 고백, 이것을 주의하라! 이것은 기독교의 빛바랜 근사치라는 고백, 내 입장에서, 나 자신과 관련하여, 나는 이것을 큰소리로 고백했다. -Pap. X⁶ B 215 n.d., 1851

내가 강조하며 원했던 바이며, 나의 개인적인 견해와 이 시대의 차이를 말하고 있다. 엄밀히 말하자면, 우리들과 우리들 외에 나머지 사람들 중에는 그리스도인이 되기를 요구했던 자들이 있고, 그렇게 된 자들이 있다.[35] 나는 그들과 연합할 수 없었다.

우선 한 가지 이유는, 그들이 그리스도인이라고 그토록 강하게 강조하면서 정작 그들의 삶은 사람들에게 적용하라는 본질에 맞지 않기 때문이다. 그러나 나에게 그다지 중요한 관심사는 아니다. 또 하나, 나는 그리스도인으로서 부족한 사람이어서 그런 요구를 하는 사람들과 연합할 수 없다. 내가 부족한 그리스도인일지라도 그것이 사실이고, 내가 평범한 사람보다 조금 앞선다고 해도 그저 상징적으로 poetic sense 앞설 뿐이다.

나는 기독교 본질을 잘 알고, 이를 서술하는 것도 잘할 수 있다. 아, 그러나 이것은 비본질적인 차이이다(루터가 나에게 말했던 것을 기억하라!). 본질은 나 역시 평범한 사람에 속한다는 것이다. 내적성숙을 지향하며 요동침을 일깨우기 위해 내가 행동하는 지점은 바로 여기이다.

기독교 관점에서 두 종류의 요동침restlessness이 있다. 믿음의 영웅들과 진리의 증인들의 요동침, 이것은 지금 상황(국교회)을 개혁하는

---

35 예를 들어, 다음을 보라. Armed Neutrality and "An Open Letter," in Point of View, *KW* XXII (*Pap.* X⁵ B 107; SV XIII 436-44).

것을 목표로 한다. 나는 결코 모험하려는 게 아니다.[36] 이는 나를 위한 것도 아니다. 나와 동시대 사람들 중 누군가 모험하는 것으로 본다면, 그가 적절한 개혁가인지 밝히는 데 이의를 제기하지 않을 것이다.[37] 또 하나의 요동침은 내적성숙inward deepening이다. 진정한 연애love affair는 요동친다. 그러나 있는 그대로(국교회)를 변화시키기 바라는 것, 이런 일은 사랑하는 사람에게 일어나지 않는다.

나는 내적성숙에 따른 요동침을 위해 행동했다. 그러나 "권위가 없다." 자만심에 우쭐해서 진리의 증인으로서 서둘러 사람들에게 강요하려고 하고, 이상ideals만 가지고 사람들을 감동시키는 권위 없는 시인일 뿐이다.[38] 이제 즉시 한 모범을 제시하고 무엇보다 내가 어떻게 믿음의 영웅들을 활용했는지 보여줄 것이다.

나의 독자여, 당신은 자신을 그리스도인이라고 부른다. 좋다. 당신은 모든 것들 중에서 가장 확실하지만 또한 가장 불확실한 것이 죽음이라는 것을 안다. 어느 날 죽음은 당신에게 올 것이고 죽음을 맞이할

---

36 몇 년이 지난 후에 그는 모험을 했고, 국교회를 공격했다는 것을 기억해야 한다.

37 키에르케고어는 논쟁 상대였던 Dr. Rudelbach를 생각했던 듯하다. 그는 교회의 개혁 운동을 지원했던 자신의 일을 설득해왔다. 이것이 주교 Mynster에게는 환영할 만한 지원이었다.

38 다음을 참고하라. 본받음은 소개되어야 한다. 그러나 "권위 없이." 이것이 나의 범주이다. 정말 이런 일이 일어났다. 『저자로서 나의 과업에서(*On My Work as an Author*)』와 『성찬식에서 두 강화(*Two Discourses at Communion*)』에서 나중에 『자기 시험을 위하여(For Self-Examination)』에서 나는 시인임을 선포했다. 다시 말해, 은혜는 결정적이다. 그러나 본받음은 소개되어야 한다. 그러나 나도 다른 사람도 우리들의 능력을 넘어서 걱정하지는 말아야 한다. 따라서 나는 시인일 뿐이다. 나의 삶은 이미 오랫동안 시인이라는 것 그 이상을 표현해왔다. 내가 이질성(heterogeneity)에 머물고 있을 때 나의 삶은 더 많은 것을 표현한다. *-Pap.* X⁴ A 560 June 19, 1952. 예를 들어, 또한 다음을 보라. *JP* VI 6945, 6947 (*Pap.* X¹³ B 55, 57); *Pap.* X¹³ B 38.

것이다. 그렇지만 당신은 그리스도인이다. 결과적으로 당신은 믿음의 영웅들 혹은 진리의 증인들[39]만큼 축복받을 것이고, 소망하고, 그렇게 믿는다. 그럼에도 그들은 완전히 다른 기준으로 훨씬 더 높은 가격을 매기면서 그리스도인의 자격을 구매하려고 한다.

이리하여 권위를 가진 누군가 다른 방식으로 당신에게 말을 걸고, 그는 당신이 그리스도인이라는 것은 착각이고 지옥길을 여행하고 있다고 함으로써 당신을 두렵게 한다. 나는 권위 있는 자 편에서 이를 과장되었다고 할 생각은 추호도 없다. 그러나 권위 없는 자인 나는 감히 이런 식으로 말하지 않는다. 나는 당신이 진리의 증인들, 믿음의 영웅들만큼 축복을 받을 것이라고 믿는다.

나는 이를 말하고 있다. 당신의 삶과 그런 사람들의 삶을 나란히 놓고 생각해 보라. 그가 희생해야 했던 것, 그가 희생한 것을 생각해 보라. 처음부터 희생하기에 가장 힘들었던 것, 마침내 희생하기에 가장 힘들었던 것으로 판명난 것을 생각해 보라. 그가 어떤 고난을 당해야 했으며, 얼마나 고통스럽게 얼마나 지속적으로 고난을 당했는지 생각하라!

---

39 교수였던 Martensen은 주교 Mynster를 칭찬하면서 "그는 진정한 진리의 증인이며 사도시대부터 우리 시대에 이르기까지 증인의 긴 서열 중의 한 명"이라고 선포할 때 그는 키에르케고어가 이 명칭에 붙인 중요성을 몰랐을 리 없다. 키에르케고어는 당연히 이것을 도전으로 간주했을 것이다. 그리고 그는 그것을 국교회에 대한 개방된 공격을 시작하기 위한 신호로 받아들였다. 그는 마지막에서 자신을 "진리의 증인"으로 설명하는 것을 거부했다. 그러나 그가 권위 있는 자처럼 했던 것, 죽음을 무릅쓰고 했던 일들은 그가 "증인"으로 그리려 했던 그림과 완전히 부합한다. 이미 이 구절에서 그가 모험을 감행하자마자 "증인"이 될 수 있는 자처럼 간주하기 시작할 것이라는 것을 암시하는 그의 삶의 역경에 대한 반성이 있다.

아, 당신이 행복하게 사랑스런 집에서 살고 있다면, 아내가 마음을 다하고 힘을 다하여 당신에게 헌신하고 있다면(막 12:30), 아이들이 당신에게 기쁨이 되고 있다면, 그때 상처가 난 눈을 위한 늦은 오후의 부드러운 햇살보다 더 유익하고, 사람의 영혼에 유익한 고요와 평안 속에 살아가는 것이 무엇을 의미하는지 생각해 보라. 매일매일 삶이라는 것을 생각해 보라. 그때 진리의 증인들의 삶을 생각해 보라.

당신이 게으르게 산 것이 아니라면, 그래서 당신의 시간, 근면 그리고 힘을 바칠 만한 일이 있어 일을 통해 쉼을 얻으며, 또한 일이 놀이만큼 새롭다면, 풍요롭지 않더라도 그래도 만족할 만한 수입이 있다면, 당신은 새로운 시간에 여러 취미가 있고 삶의 묘미를 즐길 수 있다면, 간단하고 적절히 말해 삶이 평안하고 매일매일 기쁨*Nydelse*이라면, 아, 그의 삶은 매일매일 괴로운 고통*Lidelse* 속에 있기도 하다. 그래서 그는 죽기도 하고 복을 받기도 했다!

당신이 행복한 은둔 속에 삶을 즐긴다면, 아무도 눈치채지 못하고 방해 받지 않은 채 산책하면서 자기자신이 된다면, 은둔 속에 살면서 사람들에게서 좋은 점, 선함, 사랑스러운 면들을 구별하게 된다면, 군중 속에서 낯선 사람을 만나거나 아는 사람들의 선하고 동정어린 눈짓을 본다면, 누군가에게 호의를 베풀 기회가 있을 때 베푼 호의로 인해 더 큰 기쁨을 받았다면, 그래서 실제로 호의를 베푼 것인지 호의를 받은 것인지 의문스럽다면, 당신의 삶을 쉽게 이해하고 사람들과 사이좋게 지내며 그들에게 쉽게 이해받는다면!

아, 그는 허구한 날 (그의 일과 분리 불가능한 것처럼) 누군가에게 물어 뜯겨야 했고 씹혀야 했다. 말하자면, 수다에 굶주린 자들의 이러한 인간적 험담으로 그렇게 되어야 했다. 그는 매년 매일 어쩔 수 없이 애써 온화하게 말해도 그들의 짐승 같은 면, 때로는 타락한 면을 구별해야 한다. 어쩔 수 없이 지속적으로 사람들이 그를 알아보는지 확인했고, 이를 통해 사람들을 만날 때마다 사람들의 눈빛에서 사악한 의지, 적대감, 분개, 경멸 등이 있는지 구별해야 했다.

그는 전 세대의 복지를 위해 노력했으나 전 세대의 저주를 보상으로 받았다. 그는 영적시험으로 괴로워하면서 자신의 인생을 힘들게 이해했다. 허구한 날 동시대 사람들의 오해를 통과해야 했고 그런 오해와 관련된 고통을 겪었다. 그때 당신은 죽었고, 또한 동일하게 복을 받았다.

생각해 보라. 당신은 내가 홀로 말했던 것을 자신에게 말하게 될 것이다. 맞지 않은가? 내가 실제로 모험을 감행하지 못하든, 내가 응석받이여서 모험하지 못하든, 다른 많은 것을 하더라도 반드시 한 가지는 행할 것이다. 매일 단 하루도 빠짐없이 이런 영광스러운 분들을 기억할 만한 시간을 가질 것이다.

오, 내 입장에서 우리 둘이 동일하게 복을 받았다는 것은 눈꼴사나운flagrant 상황으로 보인다! 어쨌든 나의 삶에서 그들을 기억하게 될 것이다! 보라, 당신은 내적성숙을 지향하는 요동침이 될 수 있는 본보기를 즉시 가까운 곳에 얻을 수 있다. 이 요동침은 가장 적고, 가장 온화하고, 가장 비천한 경건의 형태이다.

우리가 완벽하기 때문에 우리는 이 방향으로 어떤 노력도 필요하
지 않아도 된다고 믿는가? 루터와 함께 했던 나의 경험을 기억하라!
루터가 다른 사람들에게 갔다면, 그들이 나와 같은 경험을 했을지 그
것은 알 바 아니다. 그러나 우리 세대를 알고 우리의 조건을 아는 루
터를 상상해 보라. 그가 설교한 대로 지금도 설교할 것이라고 생각하
지 않는가?

"세상은 술 취한 농부 같다. 당신이 그를 말의 한 쪽에서 도우려 하
면, 그는 다른 쪽으로 떨어진다."[40]

당신은 그가 다음과 같이 말할 것이라고 믿지 않는가?[41]

"사도 야고보서가 중요해지도록 앞으로 뽑아야 한다. 믿음에 반하
는 행위 때문이 아니다. 절대로, 절대로 그렇지 않다. 그것은 사도가
의미했던 바도 아니다. 가능하다면, 믿음을 위해 은혜의 필요가 진정
겸손한 속사람inwardness에서 깊이 느껴지도록, 오직 구속과 구원으로
서 은혜, 믿음과 은혜가 망령되이 일컫는 것을 예방하기 위해, 심지어
정제된 세속주의를 위한 위장술을 방지하기 위해 야고보서는 뽑아야

---

40 이 인용은 ASKB에 실린 루터의 작품 중에서는 찾지 못했다. 그러나 다음을 보라. Martin Luther,
    Tischreden, 3007, *Dr. Martin Luther's Sämmtliche Werke*, LXII, p. 470; *Table Talk*, ed. and tr. Theodore G.
    Tappert, *Luther's Works*, I–LV, ed. Jaroslav Pelikan and Helmut T. Lehmann (Philadelpia: Fortress; St. Louis:
    Concordia, 1958–75), LIV, p. 111.

41 다음을 참고하라. 별지에서 바뀐 것: 행위에 대한 더 많은 관심이 있어야 한다. 나는 야고보에게 불의를
    행했다. 그는 진정으로 옳았다. 다시 말해, 그는 믿음을 반대하지 않았다. (그것은 확실히 그가 의미하는
    것이 아니다.) –*Pap*. X⁶ B 6:10 n.d, 1851

한다.”

　루터, 하나님의 사람, 이 정직한 영혼이여! 그는 후대에, 특히 우리 시대에 너무 많이 강조하기만 하는 어떤 것을 간과했거나 망각했다.[42] 다시 한 번 그는 망각했다. 당신, 정직한 영혼이여! 그는 너무 정직해서 무엇을 알고 있는지 망각했고, 자신이 얼마나 정직한 영혼인지 망각했고, 나의 선행이 아니라 진리를 위한 것이기에 내가 강조해야 하는 것을 망각했다.

　루터의 교리는 탁월한 진리이다. 이 탁월한 루터의 교리와 관련하여 나는 불안감이 있다. 그것은 루터의 교리에 관련된 것이 아니다. 아니, 그것은 나 자신에게 적용된다. 즉 나는 정직한 영혼이 아니라 교활한 놈이다. 그렇기 때문에 작은 주제들(행위, 실존, 진리를 증거하는 것과 진리로 고난당하기, 사랑의 행위 등)에 관심을 집중하는 것이 가장 적합하다. 이것은 루터의 교리 중 소주제들이다. 이런 소주제들이 중요한 주제여야 한다는 것은 아니다. 믿음과 은혜가 폐지되어야 하거나 경시되어야 한다는 것도 아니다. 이것은 하나님이 금하신다. 아니, 명확히 중요한 주제를 위해 존재한다. 내가 그런 놈이기에, 루터 교리에서 소주제들에 집중하는 것이 적합하다. “정직한 영혼”과 관련하여 나는 아무것도 행한 바가 없기 때문이다.

42　여기에 남은 구절들을 참고하라. 바뀐 것: 첫째로, 그는 망각했다. 다시 한 번, 정직한 영혼이여! 그는 스스로 얼마나 정직한 영혼이었는지 망각했다. 둘째로, 그는 간과했다. 그는 망각했다. 그는 몰랐다. 당신, 정직한 영혼이여! 그는 우리 나머지가 어떤 사람들인지 몰랐다. -*Pap*. X⁶ B 7:1 *n.d.*, 1851

야고보는 말한다.

"너희는 말씀을 행하는 자가 되고 듣기만 하여 지신을 속이는 자가
되지 말라."(약 1:22)

그러나 말씀을 행하는 자가 되기 위해서 사람은 무엇보다 먼저 말
씀을 듣는 자 혹은 읽는 자가 되어야 한다. 야고보는 진실로 이것을
말하고 있다. 그리고 지금 우리는 이 본문 앞에 있다. 우리는 이 본문
을 읽어야 한다.

말씀의 거울 앞에서 자신을 보려면 요구되는 것은?[43]

---

43 [여백에서: 말씀의 거울 앞에서 진정한 축복으로 자기자신을 보기 위해서 무엇이 요구되는가. 새로운 것.]

말씀의 거울 앞에서 진정한 축복으로
자기를 볼 수 있기 위해 무엇이 요구되는가?

(1) 어느 정도 미리 자신을 알아야 한다. 자신을 알지 못하는 자는 자신을 인식할 수도 없다. 자신을 알
수 있는 정도에서만 계속해서 자신을 알 수 있는 것이다.
따라서 일종의 어떤 준비가 요구된다. 거울 속에 있는 자신을 우연히 보고 있는 사람, 혹은 그의 모습이
반사된 자기자신이고 그가 자기자신임에도 거울이 있는 장소라는 것을 모르는 사람, 그는 자신을 인식할
수 없다는 것은 물리적으로도 맞다.
이교도는 요구했다: 너 자신을 알라. 기독교는 선포한다: 아니, 그것은 잠정적이다. 너 자신을 알라. 그때
너 자신을 올바르게 알기 위해 말씀의 거울 속에 있는 너 자신을 보라. 하나님 지식(God-Knowledge)없
는 진정한 자기지식(self-knowledge)은 없다. 혹은 하나님 앞에 [서 있지 않는] 자기지식은 없다. 거울 앞
에 서는 것은 하나님 앞에 서는 것을 의미한다.
(2) 당신은 자신을 보는 것을 두려워하지 말아야 한다. 사람들은 물리적으로 자신을 보는 것을 두려워하고
있다는 것은 이미 잘 알려진 바이다. 미신을 믿는 사람들은 자신을 보는 것은 죽음의 전조라고 생각한다.
그리고 이것은 영적인 것이다: 자기자신을 보는 것은 죽는 것이다. 모든 착각과 위선에 대하여 죽는 것이
다. 자기자신을 감히 보기 위해서는 위대한 용기가 필요하다. 이것은 오직 말씀의 거울 앞에서만 일어나
는 일이다. 그렇지 않다면, 이것은 너무 쉽게 사기가 되어 버릴 테니까. 괴상한 산초와 같은 자기지식은
자기자신을 그냥 버린다.

• • •

첫 번째 요구조건은 당신이 거울을 보지 말아야 하며,

거울을 관찰하지 말아야 하며, 거울 속에 자신을 보아야 한다는 것이다.

이것은 너무 분명해서 말할 필요조차 없다고 생각할 수 있다. 그러나 확실히 필요하다. 이 생각에 대해 확신하는 것은 이 의견을 내가 만든 것도 아니고, 우리 시대에 우리가 경건한 사람이라고 부르는 사람, 어떤 경건한 감정을 지닌 사람이 만든 것도 아니고, 진리의 증인, 순교자가 만들었다는 점이다. 확실히 그런 영광스런 사람들이 전해준 것이다. 사도는 거울 속에 자신을 보는 대신에 거울을 관찰하는 실수에 대하여 경고한다. 나는 단지 그 의견을 활용하는 것이며 독자, 당신에게 묻고 있다.

"우리 시대와 상황을 위해, 일반적으로 후대 기독교를 위해 이 의견이 불필요하다고 보는가?"

"하나님의 말씀"은 거울이다. 그러나, 그러나, 오, 얼마나 거대하게 복잡해졌는가? 엄밀하게 말해서, 얼마나 많은 것들이 "하나님의 말씀"에 속하는가? 어떤 책을 신뢰할 수 있나? 그 책들은 정말 사도들이

오직 진리만을 원해야 한다. 헛되이 우쭐되기를 바라지도 말고, 자신을 자학하면서 순수한 악마가 되기를 바라지도 말아야 한다.

(3) 죽어야 하는 존재로서, 옛사람으로서, 거울이 보여주는 자기에 대하여, 확고한 증오를 품어야 한다.

-*JP* IV 3902 (*Pap.* X⁴ A 412) *n.d.*, 1851

저자인가? 사도들은 신뢰할 만한가? 그들은 개인적으로 모든 것을 목
격했는가? 그들은 혹시 사람들로부터 다양하게 들은 것이 아닌가?

말씀을 읽는 방식에 대하여 말하자면, 30,000가지 방식이 있다. 그
때 이 특별한 구절을 어떻게 해석해야 하는지에 대해 박식한 의견, 박
식하지 않은 의견, 갖가지 학문들과 견해를 가진 자들 혹은 군중들,
이 모든 것이 말씀을 더 복잡하게 만든 것은 아닌가?

하나님의 말씀은 거울이다. 말씀을 읽거나 말씀을 들을 때 나는 거
울 속에 나 자신을 볼 수 있어야 한다. 보라, 이 거울 사업이 너무 혼란
스러워 나는 거울에 비친 나 자신을 결코 볼 수 없다. 적어도 이런 식
으로 거울 앞에 있다면 나를 본다는 것은 불가능하다. 사람은 인간적
인 교활함craftiness이 거울에 관여한다고 가정하는 유혹에 빠질 수 있
다. (슬프다, 얼마나 진실한가, 우리 인간은 하나님, 경건 그리고 하나
님을 두려워하는 진리와 관련하여 너무 교활하여 우리가 말씀의 의
미만 찾을 수 있다면, 우리는 기꺼이 하나님의 뜻을 실행할 수 있다고
서로에게 말할 때 그것이 의미하는 바를 결코 알지 못한다.)

사람은 이것이 교활함이라고 가정하는 유혹에 빠질 수 있다. 말하
자면, 인간은 저 거울 속에 있는 자신을 보려 하지 않는다는 것이다.
그러므로 거울 앞에 서는 일이 불가능하도록 위협하는 모든 것들을
생각해냈다. 바로 학문적이고 심오하고 중요한 연구와 조사를 찬양하
며, 우리가 존중하려는 모든 것들을 생각해냈다.

나의 독자, 당신은 하나님의 말씀을 소중하게 여기는가? 지금, 당

신이 말씀을 아주 소중하게 여기기 때문에 어떤 말로도 그것을 다 서술할 수 없다고 말하지 말라. 사람은 너무 높게 말했기에 다음에는 아무것도 말할 수 없기 때문이다. 여기에 무언가를 얻기 위해 단순하고 인간적인 상황을 가져와 보자. 하나님의 말씀을 더 소중히 여긴다면, 더 소중히 여길수록 더 좋다.

애인의 편지

애인에게 편지를 받은 남자lover를 상상해 보라. 나는 하나님의 말씀이 이 남자에게 애인의 편지가 소중한 만큼 똑같이 당신에게 소중하다고 가정한다. 이 남자가 편지를 읽는 방식으로 당신 역시 하나님의 말씀을 읽어야 한다고 가정한다. 당신은 아마 그렇게 생각하고 읽을 것이다. 그러나 당신은 이렇게 말할 것이다.

"그래, 그러나 성서는 외국어로 쓰여 있다니까."

원어성경을 읽을 필요가 있는 사람은 학자들뿐이다. 그러나 당신이 성서를 어떤 방법으로 가지려는 것이 아니라면, 굳이 원어성경을 읽어야 한다고 고집한다면, 우리는 애인의 편지처럼 간직할 수 있다. 그러나 이 이야기에 어떤 의미를 부여할 것이다.

나는 애인이 보낸 이 편지가 남자가 이해할 수 없는 언어로 쓰여 있다고 가정한다. 주위에는 편지를 번역할 수 있는 사람은 아무도 없다.

아마 그 남자는 낯선 사람이 애인의 편지 내용을 읽지 못하도록 어떤 도움도 원하지 않을 것이다.

그는 무엇을 하고 있는가? 그는 사전을 가지고 있다. 그는 편지를 번역하려고 사전에서 모든 단어를 다 찾고, 편지 전체를 그의 방식으로 번역하기 시작한다. 그가 그 일로 분주할 때에 지인이 방문했다고 가정해 보자. 지인은 애인 편지가 도착했다는 사실을 알고 있다. 그는 테이블에 놓인 편지를 보았기 때문이다. 그는 편지를 보면서 말한다.

"음, 자네는 애인의 편지를 읽고 있었구만."

당신은 지인이 말한 것을 어떻게 생각하는가?

그때 남자가 대답한다.

"자네 미쳤는가? 내가 애인의 편지를 읽고 있다고 보는가. 친구여, 아니네. 나는 사전을 찾으며 편지를 번역하려고 이렇게 앉아 억척스럽게 노력하고 있다네. 때로는 답답해서 폭발할 지경이야. 피가 거꾸로 솟는 기분이라고. 사전을 내팽기고 싶다네. 자네는 내가 편지를 읽는다는 건가? 농담하지 말게! 아니, 나는 하나님께 감사해. 나는 곧 편지를 번역할 거니까. 그래, 그때 애인의 편지를 읽게 되겠지. 이것은 완전히 다른 상황이지.

아니, 내가 누구한테 말하고 있는 거지. 에이, 멍청한 녀석, 자네, 내 앞에서 꺼져주겠나? 나는 자네와 있고 싶지 않아. 애인의 편지를 번역하는 것을 읽는다고 하는 자네는 나와 애인을 모욕하고 있는 걸세! 알겠나? 그렇지만, 그냥 있게. 자네는 지금 내가 농담한다는 것도 잘 알지 않는가. 나는 자네가 계속 있기를 바라지만 솔직히 내가 시간이 없네. 아직 번역할 편지 내용이 남아 있고 나는 서둘러 편지를 읽고 싶다네. 그러니까 화내지 말고 그만 돌아갔으면 좋겠네. 그래야 빨리 편지의 번역을 끝낼 수 있네."

남자는 애인의 편지를 읽기 전에 사전으로 읽는 것과 애인의 편지를 읽는 것을 구별한다. 그가 사전으로 번역하려고 열심히 공부할 때 성급하여 피가 거꾸로 솟는 기분이었다. 그의 친구가 이렇게 공부하고 있는데 애인의 편지를 읽는다고 하자, 화가 머리끝까지 났다. 자, 이제 그는 애인의 편지를 읽는다. 세상에! 그는 이런 학문적인 예비 지식들을 필요악으로 간주한다. 그래서 애인의 편지를 읽는 지점에 올 수 있었다.

애인의 소원

우리는 너무 일찍 이 은유를 버리지 말자. 이제 애인의 편지에, 그 편지에 애정이 담겨 있듯이, 애정은 표현뿐만 아니라 소원을 담고 남자가 행하길 바라는 무엇을 담고 있다고 가정해 보자.

우리가 가정하기에 그 편지는 그에게 요구하는 많은 것, 매우 많은 것들이 담겨 있다. 제3자 입장에서는 그런 요구들을 다시 생각할 이유가 있다고 하기를 주저할 것이다. 그러나 이 남자, 그는 애인의 소

원을 들어주려고 즉시 떠난다. 사랑하는 남녀가 서로 만나는 동안 애
인은 이렇게 말할 것이라고 가정해 보자.

"내가 요구한 것이 아니에요. 당신이 오해했거나 잘못 번역한 거라
구요."

당신은 이 남자가 의심하지 않고 애인의 소원을 들어주려고 즉시
달려간 것을 후회할 거라고 생각하는가? 아니면 당신은 사전의 도움
으로 몇몇 더 많은 의혹들을, 그 말들을 정확하게 번역해서 행위를 면
제받는 대신에 즉시 애인의 소원을 위해 달려간 것을 후회할 것이라
고 생각하는가? 당신은 그가 실수해서 후회할 것이라고 믿는가? 그래
서 그가 애인을 기쁘게 하기에 조금 부족할 거라고 믿는가?

아이를 생각해 보라. 영리하고 열성적인 학생이라고 불리는 아이
이다. 선생님이 내일 배울 것을 숙제하라고 그 아이에게 말했다.

"이 내용을 내일까지 살펴보기 바란다."

이 말을 아이는 깊이 생각하고, 학교에서 집으로 돌아오자마자 즉
시 공부했다. 그러나 어디에서 어디까지 공부하라고 했는지 구체적
으로 듣지 못했다. 그렇다면 아이는 무엇을 공부해야 할까? 아이에게
인상 깊은 것은 선생님의 훈계였다. 아마 아이는 실제로 공부할 내용
보다 두 배로 읽었을 것이다. 학생이 실제로 숙제를 두 배나 더 공부
했다고 해서 선생님을 더 기쁘게 했다고 믿는가?

다른 학생을 생각해 보라. 그 아이 또한 선생님의 훈계를 들었다.

마찬가지로 어디까지 공부해야 할지 정확히 듣지 못했다. 아이는 집에 도착해서 말했다.

"먼저 어디까지 공부해야 하는지 아이들에게 물어야겠어."

그래서 같은 반 친구에게 갔다. 또 다른 친구에게도 갔다. 그 아이는 집으로 돌아오지 않고, 같은 반의 형과 떠드느라고 정신이 없었다. 한참 시간이 지나서 집에 돌아온 아이는 시간을 너무 빼앗겨서 아무것도 할 수 없었다!

여기서 남자는 애인의 편지 읽기와 읽기 사이를 구별한다. 게다가 편지에 소원을 담았다면, 읽기는 소원에 순종해야 한다는 것을 의미한다고 이해했다. 어떤 낭비할 만한 시간이 없었다. 하나님의 말씀을 생각해 보라. 당신이 학문적으로 하나님의 말씀을 읽을 때 우리는 학문을 무시하려는 것은 아니다. 아니, 그것과는 거리가 멀다. 그러나 명심하라. 당신이 학문적으로, 사전으로 하나님의 말씀을 읽고자 했을 때 하나님의 말씀을 읽는 것이 아니다. 이 남자가 지인에게 했던 말을 기억하라.

"이것은 애인의 편지를 읽는 것이 아니다."

당신이 학자라면, 이런 박식한 읽기(이것은 하나님의 말씀을 읽는 것이 아니다), 하나님의 말씀 읽기를 망각하지 않도록 유의하라. 당신이 학자가 아니라면, 그를 부러워하지 말라. 당신이 당장 하나님의 말씀을 읽을 수 있다는 것을 기뻐하라! 그리고 말씀에 어떤 소원, 계명,

명령이 있다면, 이 남자를 기억하라! 말씀이 전하는 대로 실행하기 위해 즉시 떠나라! 그러나 당신은 이렇게 말할 것이다.

"성경은 너무 많은 구절이 애매합니다. 다 수수께끼 같습니다."

이에 대해 내가 대답하겠다. 누군가 자신의 삶을 이해하기 쉬운 구절들로 정말 그렇게 실행했다고 한다면, 이런 얘기는 고려할 필요도 느끼지 못할 것이다. 이것은 사실인가? 그러나 남자가 편지를 읽어내는 방식을 보라. 애매한 구절이 있더라도 편지에 명확한 요청이 표현되어 있다면, 그는 말할 것이다.

"요청은 즉시 실행해야 하는 거야. 그리고 나서 애매한 내용을 처리하면 되지 않겠나. 내가 확실히 이해한 요청, 그 요청대로 하지 않고 어떻게 가만히 앉아 애매한 구절만 고민한단 말인가."

다시 말해, 당신이 하나님의 말씀을 읽을 때 당신을 매이게 하는 것은 애매한 구절이 아니라 이해한 구절이다. 당신이 이해한 구절을 즉시 실행하면 된다. 성경에서 단 한 구절만 이해했더라도 그 부분을 먼저 실행하는 것이다. 그보다 애매한 구절을 고민하느라고 앉아 있지 말아야 한다. 하나님의 말씀은 말씀대로 행하라고 주어진 것이지 애매한 구절을 해석하라고 주어진 게 아니다.

이해한 구절을 행하는 데 당신을 매어두는 방식으로 하나님 말씀을 읽지 않는다면, 하나님 말씀을 읽은 것이 아니다. 그래서 남자는 이렇게 생각했다. 내가 이해한 요청을 실행하려고 즉시 떠나지 않고, 앉아서 애매한 구절을 고민하고 있었다면, 애인의 편지를 읽은 것이 아니다. 나는 양심에 거리낌 없이 그녀에게 말할 수 있다.

"당신 편지에 애매한 구절들이 있었습니다. 내가 이해하지 못한 구절들 때문에 굳이 고생할 필요는 없었습니다. 내가 이해한 당신의 요청대로 즉시 실행했습니다."

그러나 나는 그녀에게 솔직하게 말할 수는 없었다.

"당신의 편지에 이해할 수 없는 구절들이 있었습니다. 나는 앉아서 그것들을 고민했습니다. 하지만 당신의 요청을 이해했기에 더 이상 앉아서 고생할 필요가 없었지요."

아마 당신은 하나님 말씀을 읽는 것과 마찬가지로, 남자가 편지를 읽는 것과 같은 경험을 하게 될지 모른다는 두려움이 있다. (이 두려움은 하나님의 요청과 관련해서 아무런 근거가 없다.) 당신은 너무 많은 것을 실행해야 할지 모른다는 두려움을 가지고 있다. 당신은 여전히 여러 사전을 찾아보면서 결국 많은 것을 요청하지 않는다는 것을 입증하려고 한다.

아, 나의 친구여, 남자가 너무 많은 것을 실행했는데도 애인이 만족하지 못했다고 생각하는가? 당신이 그런 두려움을 키우는 것에 대해 남자는 뭐라고 말하겠는가? 그는 "너무 많은 것을 실행해야 한다는 두려움을 키우는 자는 애인의 편지를 읽은 것이 아니다"라고 말할 것이다. 그리고 나도 말할 것이다.

"그는 하나님의 말씀을 읽은 것이 아니다."

홀로서기

우리는 아직 애인의 편지를 버리지 말자. 남자가 사전의 도움으로 편지를 번역하는 데 빠져 있다가 지인의 방문으로 방해를 받았다. 그는 조급해져서 이렇게 말했을 것이다.

"내가 조급했던 건 계획이 지체되기 때문이야. 그렇지 않다면 뭐가 중요하겠어. 어쨌든 그때 편지를 읽고 있었던 건 아니었지. 내가 편지를 읽는 동안 누군가 들어왔다면, 그것은 다른 문제야. 사생활 침해인 거지. 나는 그런 일이 일어나지 않도록 확실히 했을 뿐이야. 일단 편지를 읽으려면 방문을 잠그고 방에 아무도 없는듯이 할 거야. 나는 홀로 있기를 원해. 어떤 방해도 받지 않고 홀로 편지와 함께 있고 싶다. 내가 그렇게 할 수 없다면, 애인의 편지를 읽을 수 없을 거야."

그는 홀로 있기를 원했고 어떤 방해도 받지 않고 홀로 편지와 함께 있고 싶어 했다. 그는 말한다.

"그렇지 않다면, 나는 애인의 편지를 읽은 것이 아니니까."

하나님 말씀도 마찬가지다. 홀로 하나님 말씀과 함께 있지 않는 자도 하나님 말씀을 읽은 것이 아니다. 하나님 말씀과 홀로 있으라! 나의 독자, 지금 나를 고백할 수 있도록 허락해 주시오. 나는 어떤 착각도 하지 않고 완전히 하나님 말씀과 홀로 있지 못했다. 한마디만 더하게 해주시오. 착각이, 잠깐의 착각이라도 스며드는 법 없이 하나님 말씀과 홀로 있었다고 정직하게 말할 수 있는 용기가 있는 믿을 만한 사람도 나는 본 적이 없다.

얼마나 이상한가. 우리 시대에 깊이 감동받은 사람이 나타나서, 그가 단지 복음 가격의 한낱 5분의 1 정도로 그리스도인이 될 수 있다고 값을 정했을 때 사람들이 소리친다.

"저 사람을 조심해! 그가 쓴 책은 절대 읽지 말고 혼자서는 더욱 읽으면 안 돼. 그와 함께 말하지도 말고 혼자 만나서는 절대 안 돼. 그는 위험한 사람이야."

그러나 성경! 세상에! 거의 모든 사람들은 성서를 가지고 있다. 뿐만 아니라 신자가 되고자 하는 청년들에게 성경을 소개하는 데 주저하지 않는다. 가장 위험한 시대에 말이다! 정말이지 많은 착각에 휘말릴 수도 있다. 사람들은 이 책이 존재한다는 사실만으로 단련될 수 있고, 이 책은 특별한 방법으로 읽어야 한다. 이 책과 홀로 있을 수 있겠는가?

성경과 홀로 있는 것! 감히 그럴 수 없다! 내가 성서를 펴면, 어떤 구절이든 즉시 나에게 올무가 된다. 나에게 그 책이 묻는다. (그 책은 정말 나에게 묻는 하나님인 것처럼 존재한다.) 당신은 거기에서 읽겠는가? 그리고 그때, 바로 그때 나는 올무에 빠진다. 당장 행동으로 옮기든지 아니면 즉시 겸손해지든지. 오, 성경과 홀로 있는 것! 그리고 당신이 그렇게 하지 않았다면, 당신은 성경을 읽은 게 아니다.

하나님의 말씀과 홀로 있는 것은 위태로운 일이라고 더 뛰어난 사람들이 암묵적으로 인정한 바이다. 뛰어나고 진지한 사람이 혼자 말한다(우리가 그의 결론에 동의할 수 없더라도).

"나는 어떤 말씀도 반 정도라도 실행하는 데 능숙하지 못해. 그리고 이 책, 하나님 말씀, 이것은 나를 아주 위태롭게 하는 책이야. 그리고 매우 고압적인 책이지. 이 책에 손가락을 내밀면, 내 손바닥을 가져가. 이 책에 손바닥을 대면 몸 전체를 가져가고, 갑자기 급진적으로 아주 거대한 규모로 내 삶 전체를 변화시키지. 아니, 이 책에 대해 어떤 조롱이나 경멸의 말을 하지 않게 돼. 이건 나에게도 마찬가지야. 내가 가장 싫어하기도 하지. 나는 이 책을 한적한 곳에 놓아둘 거야. 이 책과 홀로 있지 않으려고 해."

우리는 이런 얘기에 동의하지 않는다. 그럼에도 우리가 동의할 만한 무엇인가 있다. 그것은 어떤 정직함이다. 그러나 감히 하나님 말씀과 홀로 있다고 자랑하면서 완전히 다르게 하나님 말씀과 대면하면서 자신을 방어하는 자가 있다. 그러나 진실하지 않다.

성경을 가지고 가라. 그리고 문을 잠그라. 그때 10권의 사전과 25권의 주석서도 가지고 가라. 그래야 당신은 성경을 읽을 수 있다. 마치 신문광고를 읽듯이 조용하고 냉철하게 성경을 읽을 수 있다. 당신이 거기에 앉아 어떤 구절을 읽든지 너무나 이상하게 어떤 생각에 잠기게 될 것이다. 나는 이것을 실행했나? 이 말씀을 따라 실행하는가? (물론 당신은 혼란의 순간에만 아주 심각한 상황에 놓이지 않을 때만 이런 생각을 한다.) 그때까지 위기는 아직 닥치지 않았다.

보라. 아마 거기에는 많은 독해 방식이 있고, 얼마 전에 새로운 사본도 발견되었다고 한다. 하나님 맙소사, 새로운 독해 방식을 제안하고 있다.[44] 아마 한 견해에 대해 다섯 명의 해석자가 있고, 다른 견해에 대해서는 일곱 명의 해석자가 있고, 두 명은 이상한 견해도 있고, 세 명은 아직 망설이거나 아예 어떠한 견해가 없다.

"내가 보기에는 이 구절에 대해 의미가 확실하지 않은 것 같아. 아니, 솔직히 아무 견해를 갖지 않고 망설이는 세 명의 해석자에 동의하고 있지."

이런 사람들은 나의 어색한 입장에 다가오지 못한다. 그것은 하나님 말씀에 즉각 순종하거나 적어도 겸손하게 인정할 수밖에 없는 지점이다. 그는 조용하게 있다가 이렇게 말한다.

"나를 말하자면, 말씀을 실행하는 데 아무 문제가 없어. 견해들이 일치되고 해석자들의 의견이 어느 정도 통일된다면 확실히 말씀을 실행할 수 있거든."

아하! 그렇게 되려면 아주 오래 걸릴 것이다. 그렇지만 그는 자신이 오류 가운데 있다는 사실을 숨기는 데 성공하긴 했다. 또한 그는 인간의 본성flesh and blood을 부정할 마음도 없고, 하나님 말씀에 순종할 마음도 없는 자가 바로 자신이라는 사실을 숨기는 데 성공했다. 이것은 얼마나 비극적인 학문의 악용인가! 이렇게 쉽게 자기자신을 속이다니!

그렇게 많은 착각과 자기기만이 없다면, 모든 사람이 내가 고백한

44　Lobegott Friedrich Konstantin Tischendorf(1815-1874)를 암시한다. 그는 Leipzig 신학부의 본문비평 교수였다. 그는 Codex Sinaiticus 사본을 발견했고 1841년과 1849년 사이에 다양한 독해 방식의 기술을 담고 있는 헬라어 신약성경 8쇄를 출판했다.

대로 인정할 텐데 말이다. 나는 감히 하나님 말씀과 홀로 있을 수 없다! 하나님 말씀 앞에 홀로 선다는 것, 남자가 애인의 편지를 홀로 읽기를 원하듯이 이 역시 그래야 한다. 그렇지 않다면, 그것은 애인의 편지를 읽고자 하는 게 아니니까. 그렇지 않다면, 하나님 말씀을 읽은 것도 아니고 거울 속에 있는 자기자신을 본 것도 아니니까.

그러나 이것은 정말 우리가 해야 하는 것이다. 말씀의 거울 앞에서 축복으로 자기자신을 본다면, 당신이 먼저 해야 할 일이다. 당신은 거울을 보지 말고 거울 속에 자기자신을 보아야 한다. 학자라고 해서 다른 방법으로 하나님 말씀을 읽으려고 한다면, 평생 매일 몇 시간씩 하나님 말씀을 읽는다고 해도 결코 하나님 말씀을 읽은 것이 아니라는 것을 기억하라. 읽기를 구분하라. 그러면 당신은 (학문적 읽기와 더불어) 정말 하나님 말씀을 읽든가 적어도 매일 학문적인 읽기를 하더라도, 하나님 말씀을 읽은 것이 아니라고 스스로 고백하게 되었을 것이다. 혹은 당신은 말씀에 관계되길 원치 않을 것이다. 혹시 당신이 학자가 아니라면 그런 실수는 더 적어질 것이다. 그러니 당장 실행하라. 거울을 보지 말고 거울 속에 당신 자신을 보라.

무엇이 진지함인가?

기독교에서 하나님의 말씀을 어떻게 읽는가? 두 부류로 나눈다면,

예외의 경우를 여기에서 고려할 필요는 없고, 대다수 하나님 말씀을 제대로 읽지 않으며, 소수만이 학문적으로 읽으려 한다. 다시 말해 하나님 말씀을 읽는 것이 아니라 거울이 어떤지 관찰하고 있다. 또한 대부분 하나님 말씀을 쓸모없는 고전이라고 간주한 나머지 구석에 처박아 버리고, 소수는 하나님 말씀을 매우 놀랄 만한 고전이라고 평가하고, 이 책에 대해 놀라운 진리와 통찰에 대해 인식하려고 한다. 즉, 거울만 관찰한다.

어떤 나라를 상상해 보라. 왕명이 백성들의 관리들과 하급자 모두에게 공표되었다. 모든 백성들에게 공표한 것이다. 백성들에게 놀랄 만한 변화가 생긴다. 공표에 대해 해석자로 변해 있었고 관리들은 작가가 되고자 했다. 매일 복된 날이었고 새로운 해석으로 출판되었으며, 매일 다른 해석보다 더 정통하고, 더 명쾌하고, 더 심오하고, 더 날카롭고, 더 기발하고, 더 훌륭하고, 더 아름답고, 더 놀랍게 아름다웠다. 개요만 살펴본 비판은 이런 거대한 학문literature이 되어버린 책의 개요조차 다 살펴볼 수 없을 지경이었다.

정말 비판 자체가 장황한 학문이어서 비판의 개요도 살펴보기 어려웠다. 모든 것은 해석이었다. 그러나 누구도 왕명을 따르려고 읽는 자는 없었다. 모든 것을 해석했다는 것만은 아니었다. 그들은 진지함earnestness의 관점에서 해석의 분주함을 자못 진지함으로 바꾸었다.

이 왕이 '인간의 왕'이 아니라고 하면 어떠할까? 그런 왕이라면 이런 사람들이 이런 식으로 문제를 비꼬아서 자신을 바보로 만들었다는 것을 너무나 잘 알기 때문이다. 그러나 인간의 왕은 특히 관리들과 부하들에게 의존하고 있어서, 어쩔 수 없이 가장 멋진 모습으로 꾸미고 애써 태연한 척할 수밖에 없다. 그리고 가장 명쾌한 해석자는 숭고하게 격상시켜 그의 공로를 보상했을 것이다. 가장 심오한 해석자는 메달 같은 것으로 포상하여 존경하게 했을 것이다.

그러나 이 왕이 전지전능하다면, 관리들과 부하들이 아무리 속여도 이처럼 어색한 입장에 있었겠는가? 당신은 전지전능한 왕이라면 이런 사태를 어떻게 본다고 생각하는가? 나는 전지전능한 왕은 이렇게 말했을 거라고 짐작한다.

"그들이 왕명을 따르지 않았다는 사실, 그것은 용서할 수 있다. 게다가 그들이 연합하여 이 왕명이 너무 고되고 짐이 된다면서 이 왕명을 면제하게 해달라고 청원했다면, 내가 그들에게 끝까지 이루어달라고 청원할지라도, 그들을 용서할 수 있다. 그러나 그들이 진지함의 관점을 바꿔버린 사실, 그것만은 용서할 수는 없다."

이에 대한 하나님 말씀이 있다!

"내 집은 기도하는 집이다. 그러나 너희들은 강도의 소굴로 만들었다."(눅 19:46)

하나님의 말씀, 우리가 무엇으로 말씀을 바꿀 수 있다는 것인가? 엄격하고 진지한 진리들 위에 올려진 이 모든 해석과 해석 그리고 학문적 연구와 새로운 학문적 연구, 이것들이 하나님의 말씀을 제대로 이해하기 위해 존재하다니. 더 가까이 보라! 당신은 이것들이 하나님의 말씀에 맞서 자기자신을 보호하기 위해 존재한다는 것을 알 것이다.
하나님의 말씀에 담긴 요구조건은 이해하기에 너무 쉽기 때문이다.

"네 소유를 팔아 가난한 자들에게 주라."

"누구든지 네 오른편 뺨을 치거든 왼편도 돌려 대라."

"속옷을 가지고자 하는 자에게 겉옷까지 주어라."

"항상 기뻐하라."

"여러 가지 시험을 만나거든 온전히 기쁘게 여기라."[45] 등.

이와 같이 하나님 말씀은 "오늘 날씨가 화창하군요?"라는 인삿말
처럼 이해하기 쉽다. 그러나 오직 단 한 가지 이유로 이해하기 어렵게
되었다. 즉, 이 말씀을 해석하고 학문이 성장하면서 어렵게 만든 것이
다. 지적 능력이 아주 부족하더라도 하나님 말씀의 요구조건을 이해
하지 못하겠다고 말할 수 없다. 그러나 인간의 본성이 말씀의 요구조
건을 이해하게 되고, 그에 따라 실행하는 것은 어렵다.

내가 볼 때 말씀이 사람을 통치하는 것에 대해 회피하려는 것은 지
극히 인간적이다. 누구도 이것을 인정하지 않는다고 해도 나는 인정
한다. 실행해야 할 것을 즉시 실행하지 못해 고군분투하면서 하나님
께 인내하게 해달라고 기도하는 것도 인간적이다. 하나님의 요구조건
이 너무 높다면서 하나님께 자비를 베푸시길 기도하는 것도 인간적
이다.

---

45 마태복음 5:39, 40, 19:21; 데살로니가 전서 5:16; 야고보서 1:2

누구도 이것을 인정하지 않더라도 나는 인정한다. 그럼에도 불구하고 하나님 말씀의 요구조건이 완전히 다른 방향으로 바뀌는 것을 인간적이라고 할 수 없다.

즉, 내가 교활하게 깊이 파고들어 한 층에 또 한 층의 해석을 끼어넣거나 학문적 연구와 더 많은 학문적 연구를 듬뿍 집어넣거나 (이것은 마치 소년이 호되게 얻어맞기 전에 바지 속에 화장지를 잔뜩 집어넣는 것과 같다.) 말씀과 나 사이에 이 모든 것들을 듬뿍 집어넣는 일을 말한다. 그리고 나서 이러한 해석과 학문적 연구에 대해 진리를 향한 진지함과 열정이라는 이름을 수여한다.

이런 것들은 그 비율대로 자꾸 부풀어버려서 하나님 말씀을 받는 지점에 도달하기는커녕 결코 거울 속의 나 자신을 보지도 못한다.

이 모든 연구와 고민과 조사는 하나님 말씀과 나 사이를 더욱 가깝게 이끄는 듯하나 진실은 그렇지 않다. 바로 그 길, 바로 그 길은 가장 교활한 길이다. 그 길은 가능한 한 멀리 나로부터 하나님 말씀을 제거하고, 결코 하나님 말씀을 본 적이 없는 자보다 무한히 멀리 하나님 말씀을 제거하고, 하나님 말씀이 너무 무섭고 두려워서 가능한 한 멀리 하나님 말씀을 집어던진 자보다 무한히 멀리 하나님 말씀을 제거한다! (거울 속에 있는 자기자신을 보기 위해) 요구된 것에서 무한히 먼 거리, 결코 거울을 본 적이 없는 자보다 무한히 먼 거리, 아주 먼 거리에 있게 한다. 즉 매년 매일 단 하루도 빠짐없이 수동적으로 앉아 있을 수 있게 된다. 거울을 관찰하고 있다.

• • •

둘째 요구조건이다. 당신이 하나님 말씀을 읽을 때(실제 거울 속의 자신을 보기를),

거울 속의 자신을 보기 위해 끊임없이 자신에게 되새겨야 한다는 것을 기억해야 한다.

"말씀이 나에게 말하고 있다. 말씀은 나에 대해 말한다."

자기자신을 기만하지 말라. 교활하지 않기를 바란다. 하나님과 하나님 말씀과 관련하여 인간은 교활하고, 심지어 가장 어리석은 자도 교활하다. 정말 인간의 본성flesh and blood, 자기 사랑은 아주 교활하다. 그러므로 개념을 꾸며낸다. (하나님의 말씀에 맞서려고 자신을 방어하는 것이라고 결코 말하지 않는다. 그 정도로 미치지 않았다. 그렇게 말했다면, 아무리 현명한 조작이라도 어떤 이익도 얻지 못했을 것이다.) 오직 자신에 대해 자만vanity, 병적인 자만이라는 이유를 만들어 낸다. 얼마나 교활한가. (대부분 이를 자만이라고 한다. 그러나 하나님 말씀이 그를 통치한다면 그렇지 않다.)

"이런 젠장! 이렇게 자만했다니."

나에 대해 그리고 '나'를 누군지 말하는 것은 학자들이 말대로 주관적이다. 주관적인 것은 자만이며, 나에 대한 것이 아니라는 자만은 책(하나님 말씀)을 읽을 수 없게 한다. 내가 자만을 혐오해서는 안 되는가! 내가 말씀과 인격적(주관적) 관계를 맺지 못하고 하나님 말씀이 나를 절대로 사로잡지 못하기를 바랄 때 그것을 내가 혐오하지 않을 만큼 어리석은가. 반대로 나를 높이 칭찬하는 사람들을 보면서, 나는 말씀을 비인격적(객관적인 것, 객관적 교리 등) 관계로 바꾸는데 얼마나 진지했던가.

바로 나, 진지하고 교양 있는 나, 그런 나는 말씀을 객관적으로 관련시킨다. 나는 내 인격을 활용할 만큼 교양이 없거나 자만하지 않다. 또한 말씀은 나에게 말한다. 하지만 말씀이 끊임없이 나에 대해서만 말한다고 생각할 정도로 자만하지 않다.

"이런 자만과 부족한 교양으로 죄짓지 않게 하소서. 언제나 쉽게 일어날 수 있는 일이 일어나지 않게 하소서. 말씀이 나를, 정확히 나를 사로잡는 일, 나를 통치하는 일이 일어나지 않게 하소서. 그래서 내가 세상을 포기하고 말씀을 따라 행하든지, 적어도 내가 그렇게 실행하지 못했다는 것을 인정할 때까지 말씀이 나를 찾지 않게 하소서. 나를 찾는다는 것은 교양 없이 하나님의 말씀을 대한 벌이기 때문입니다."

아니, 아니, 아니다! 당신이 하나님의 말씀을 읽을 때 당신이 읽은 곳마다 계속해서 자신에게 말하라. 즉 말씀의 상대는 나이고 나를 말하고 있다. 이는 진지하며, 분명히 진지한 것이다. 더 고차원적으로 기독교의 변화를 바란 사람들 중에는 거울 속의 자신을 보기 위한 무조건적이어야 한다는 가장 결정적 조건을 망각한 사람은 단 한 사람도 없었다.

결과적으로 이것은 당신 자신이 해야만 한다. 당신이 말씀을 읽는 동안, 끊임없이 자신에게 말해야 한다. 말씀이 말하고 있는 것은 나이다. 말씀은 나에 대하여 말하고 있다.

저 동양의 강력한 황제가 있었는데, 작은 나라가 그의 분노를 자극한 것은 유명하다. 그런데 황제에게 매일 복수해야 한다고 말했던 노예가 있었다.[46] 이는 정말 기억할 만하다. 매일 황제에게 그 일을 잊으라고 하면서 떠올리게 한 노예보다 더 나을 수 있다.

그렇지만 이 역시 좋은 방법은 아니다. 매일 잊어야 한다고 말한다면 그 기억을 결코 잊을 수 없기 때문이다. 어쨌든 이 통치자는 누군가에게 자극을 주기 위해 무엇을 해야 하는지 잘 알고 있었다. 그 황제는 확실하게 화를 냈기 때문이다.(분노는 추천할 만하지 않지만 인격personality의 질적 특성이다.)

그러나 다윗 왕은 이 황제보다 더 좋은 섬김을 받았다. 물론, 이것은 그가 자발적으로 선택하기에는 아주 어려운 섬김이었다. 그러나 다윗은 이 섬김을 그의 인생에서 가장 큰 불편으로 여기는 시험에 빠진다.[47]

---

46 페르시아 왕인 Darius. 다음을 보라. Herodotus, *History*, V. 105; *Die Geschichten des Herodotus*, I-II, tr. A. D. Godley (Loeb, Cambridge: Harvard University Press, 1982), III, p. 127; 『역사』천병희 역 (서울: 도서출판 숲, 2009), 538.

오네실로스가 아마투스를 포위 공격하는 동안, 사르데이스가 아테나이인들과 이오니아인들에게 함락되어 불타버렸는데 다레이오스 왕은 이번 사건의 주모자 겸 주동자는 실은 밀레토스의 아리스타고라스라는 보고를 받았다. 그런 말을 들었을 때 다레이오스는 이오니아인들이 반기를 든 대가를 톡톡히 치루게 되리라는 것을 잘 알고 있었기에 그들에 관해서는 아무 언급도 않고 아테나이인들이 누구냐고 물었다고 한다. 그리고 대답을 듣고 나서 활을 달라고 하더니 시위에 화살을 얹고는 하늘을 향해 쏘았다고 한다. 그리고 허공을 향해 화살을 쏘며 외쳤다고 한다. "제우스시여, 제가 아테나이인들을 응징할 수 있게 해주소서!" 그렇게 말하고 나서 그는 시종 가운데 한 명에게 식사 시중을 들 때마다, "전하, 아테나이인들을 기억하소서!"라고 세 번씩 외치도록 명령했다고 한다.

47 이 부분은 나단 선지자의 섬김을 언급하는 말이다.

시인 다윗

내가 언급하는 이 이야기는 잘 알려진 바이다.[48] 다윗 왕은 밧세바를 바라보았다. 그녀를 바라보는데 그녀의 남편이 방해되는 상황이었다. 결정적으로 그를 제거하고자 했고 그 일은 일어났다. 그 일에 하나님의 통치Governance가 있었는지는 알 수 없다. 그는 전사하고 말았다. 이에 대해 다윗 왕이 말한다.

"전쟁이란 바로 이런 것이오."

아마 그는 너무 성급하게 위험한 선택을 했기에 죽음에 이른 것이다. 그가 죽기를 바라는 누군가 있었고, 그런 상황을 통제할 수 있는 그는 그 남자에게 확실히 죽음에 이르는 위험한 직책을 맡기는 것보다 더 좋은 것은 없었을 것이다. 이제 그는 제거되었다.

이 모든 일은 너무 쉽게 일어났다. 그래서 그 남자의 아내를 법적으로 소유하는 데 방해되는 것은 아무것도 없었다. 방해될 만한 아무것도. 당신은 바보인가? 마침내 다윗 왕은 조국을 위해 전사한 용사의 과부와 결혼함으로써 전 군대의 열정을 일깨우는 숭고하고 너그럽고 진심어린 왕적인 행위였다. 그때 한 예언자가 다윗 왕을 찾아왔다.

이 상황을 현대적인 것으로 각색해 보자.

한 사람은 왕이고, 그 나라에서 최고 지위를 가졌다. 그를 찾아온

---

48 사무엘하 11:2-12:15를 참고하라.

다른 사람은 예언자, 그 나라에서 존경받는 인물이었다. 둘 다 교양
있는 사람이었다. 둘의 관계나 대화 중에도 교양 있는 사람들의 완전
무결한 특징을 가지고 있다는 것을 누구나 인정할 만했다. 게다가 둘
다 작가였고, 특히 다윗 왕은 유명한 작가이자 시인이었다. 그의 취향
matters of taste은 평론가connoisseur라고 말할 수 있을 정도였다. 시의 구조,
시어의 선택, 구체적인 해석, 시적 언어와 문체 그리고 시가 주는 교
훈이나 부적절한 것 등을 평가할 줄 알았다.

이 두 사람은 운 좋은 만남이었고, 다윗 왕은 예언자가 찾아갈 만한
사람이었다. 그는 왕관을 쓴 시인이자 평론가인 황제Majesty 앞에서 낭
송하려고 짤막한 이야기를 하나 작성했기 때문이다.

[49]"두 사람은 도시에 살고 있었습니다. 하나는 부자였고 여러 가축
이 많이 있었습니다. 그러나 한 사람은 가난했으며 아무것도 가진 것
없이 오직 암양 새끼 한 마리를 키우고 있을 뿐이었습니다. 그 암양은
가난한 사람의 아내와 자식과 함께 자랐습니다. 그가 먹는 것을 먹었
고, 그의 잔으로 마시며 그의 품에 누워서 딸같이 자랐습니다. 그러나
어떤 행인이 부자에게 찾아오자, 부자는 자기의 양과 소를 아끼며 죽
이지 않고 가난한 사람의 암양 새끼를 빼앗아 행인을 위하여 죽였습

---

49 최종 원고에서: 이것은 매력적인 작은 이야기이다.

허스렙(Hersleb) 86쪽에 나오는 비유: "어떤 도시에 두 명의 사람이 살고 있었다. . . . 그는 그것을 죽여,
그에게 찾아온 낯선 사람을 위해 준비했다." –*Pap.* X⁶ B 4:7 *n.d.*, 1851

니다."[50]

다윗은 이를 신중하게 듣고 곧 자신의 의견을 말했을 것이다. 물론 다윗은 그의 인격(주관성)을 침해하지 않으며, 충분히 비인격적으로 (객관적으로) 이 글을 평가했을 것이다. 아마 그가 생각하기에 다르게 판단할 만한 구체적인 내용들도 있었을 것이다. 그는 훨씬 더 기막히게 잘 어울리는 문장을 제안했을지도 모른다. 글의 구조에서 어떤 실수를 지적하기도 하고, 스토리텔링, 그의 억양이나 몸짓에 대한 예언자의 능수능란한 표현을 감탄했을지도 모른다.

요약하면, 다윗 왕은 오늘날 교양 있는 사람들이 교양 있는 사람들을 위해 설교한 태도를 비판하듯이 그의 의견을 말했을 것이다. 그 설교 역시 객관적이다.

예언자는 다윗에게 말한다.

"당신이 그 사람이라."

자, 보라. 예언자가 말했던 이야기는 이야기일 뿐이다. 그러나 "당신이 그 사람이라"는 말은 다른 말이었다. 이것이야말로 주관적인 발언이었다. 그러나 다윗 자신이 그녀와 결혼하기 위해 그녀 남편을 제거했다는 것이 얼마나 혐오스러운 일인지 이미 잘 알고 있지 않았겠는가? 위대한 시인 다윗은 이를 (유창하게, 끔찍하게, 충격적으로) 너무나 잘 서술할 수 있지 않았겠는가? 또한 다윗은 자신의 죄가 무슨

---

50 사무엘하 12:1-4

죄인지 너무나 잘 인식하고 있다고 보지 않는가?

그러나, 그러나, 그러나 외부에서 그에게 "바로 당신이다"라고 말할 누군가가 필요했다. 그러나 이처럼 객관적인 것이 얼마나 불필요한지를 보고 있다. 교리, 이야기, 학문적 연구 같은 것들. 심지어 그렇게 경건하고 하나님을 두려워하는 다윗 같은 사람조차(경건과 하나님에 대한 두려움은 확실히 인격, 주관적인 형태이다), 심지어 그도, 그런 끔찍한 범죄를 저지른 것에 대해 이미 충분히 객관적이었다!

그는 아무것도 각성하지 못했고 우리아를 죽이는 데도 양심의 가책이 없었고, 밧세바와 결혼하기까지 부도덕을 느끼지 못했다. 그처럼 끔찍한 범죄를 저지른 후, 그는 비인격적으로 객관성을 유지할 수 있었기에 잘 살 수 있었고, 아무 일도 일어나지 않은 듯이 살아갈 수 있었다.

이 시대에도 이와 같은 비인격성과 객관성이 자칫 고상한 문화로 극찬을 받지만, 예언자는 이런 고상함이 진절머리가 난 나머지 자신의 권위를 이용하여 "당신이 그 사람이라"고 말한 것이다. 그러나 그는 아무 일도 일어나지 않은 척하면서 예언자의 이야기를 들었다.

이런 사실을 통해 당신은 기독교 세계에 교활함과 간계함이 얼마나 깊은지 알 수 있다. 세상의 문화는 부정할 수 없는 진리를 이용하여 사람의 인격은 무의미한 것이라며 이기적이라고 주장한다. 또한 이를 이용하여 명확히 하나님의 말씀과 관련된 진지함을 무의미한 것으로 만들어버린다. 그래서 그들은 진지함과 진지한 고군분투

strenuousness에서 회복되고, 그렇게 함으로써 교양 있는 고상한 사람으로 존경받을 것이라고 확신한다.

오, 이 교활함의 깊이여! 당신이 들어야 하는 것은 하나님의 말씀인 반면, 사람은 하나님의 말씀을 비인격적이고 객관적인 교리로 바꾸어 놓았다. 이것은 옛부터 이것, 이 두려운 하나님의 말씀을 들었던 방법이다. 이제 하나님의 말씀은 캘리코 무늬printed calico[51]만큼이나 객관적이다!

사람들은 비인격적으로 이런 비인격적인(객관적인) 것과 관계한다. 세상 문화의 정점에, 교양 있는 대중들의 선두에 학문적 연구가 이루어지고, 사람들은 보란 듯이 고상한 문화라고 주장한다. 반면에 저 불쌍한 인격적인(주관적인) 사람들을 가능하면 구석으로 몰아버린다!

오, 이 교활함의 깊이여! 인간들이 하나님의 말씀과 관련하여 비인격적(객관적)으로 주장하기 너무 쉽다. 이는 선천적으로 우리 모두에게 있는 것이며, 원죄에 의해 공짜로 획득하였다. 이처럼 비인격적(객관적)인 것들을 찬양하는 것은 다름 아닌 양심부족 탓이다. 물론 이 같은 양심부족이 범죄 행위로 나타나지는 않는다.

다만 멍청하고, 어리석고, 지각이 없는 정도로 인식될 뿐이다. 그러나 아니다, 아니다! 양심부족은 어느 정도 절제하며 나타난다. 또한 삶

---

51 가로로 짠 올이 촘촘하고 색깔이 흰 무명베에 가볍게 프린트한 평직 직물 혹은 면직물

을 편안하게 즐기는 취미와 문화생활로 나타난다.

　그러나 양심부족을 진지하다거나 문화생활로 바꾸어놓은 것은 너무 멀리 간 것은 아닌가! 맞다, 당신이 거울 속에 있는 자기자신을 보기 위해 하나님 말씀을 읽으려고 한다면, 말씀을 읽는 동안에 당신은 자기자신에게 끊임없이 되새겨야 한다.

　"말씀이 나에게 말하고 있다. 말씀은 나에 대해 말한다."

선한 사마리아인

　예루살렘에서 여리고로 가는 길에 어떤 사람이 있었다. 그는 강도를 만났는데, 강도들이 그의 옷을 벗겨 매우 때린 후 죽을 지경이 되자, 그를 버리고 가 버렸다.[52] 당신이 "마침 한 제사장이 그 길로 내려가다가 그를 보고 피하여 지나갔다"는 구절을 읽을 때 당신은 자신에게 말해야 한다.

　"그 제사장이 바로 나다."

　당신은 트집을 잡지 말아야 하며 재치를 발휘하려고 해서도 안 된다. (세속주의는 가장 사악한 행위를 사건 정도로 보기도 한다. 그러나 당신이 하나님의 말씀을 읽는다면 해당되지 않는다.) 당신은 이렇

52　누가복음 10:30-37을 참고하라.

게 말하지도 말아야 한다.

"그 사람은 내가 아니다. 그는 제사장이었고, 나는 제사장이 아니다. 그렇지만 복음이 이 사람을 제사장이라고 밝힌 것은 놀랄 만하다. 제사장이 그랬다면 모든 사람들 중에서 최악이기 때문이다."

그러나 당신이 하나님 말씀을 읽을 때 당신 자신에게 진지하게 말해야 한다.

"이 제사장이 나 자신이다. 슬프다! 내가 이렇게 냉담하다니! 스스로 그리스도인이라는 내가 아닌가. 그렇다면 나 또한 제사장이다. 적어도 제사장의 직분에서 자유롭고 싶어서 저런 주장을 한다는 것을 너무나 잘 알고 있다. 기독교 관점에서 우리 모두 제사장이기 때문이다.(벧전 2:9) 슬프다! 내가 이런 상황을 보고(읽고) 지나칠 만큼 냉담하다니. (나는 이 구절을 보았다. 복음은 "그 제사장이 그 여행자를 보고 피하여 지나쳤다"고 말한다) 그런데 내가 아무 감동 없이 이 구절을 읽었다니."

"이와 같이 레위인도 그곳에 이르러 그를 보고 피하여 지나갔다"는 구절에서 당신은 이렇게 말해야 한다. "이 레위인이 바로 나다. 오, 나에게 일어났던 일인데, 내 마음이 강퍅하여 같은 일이 두 번씩이나 일어나다니! 내가 더 나아질 수 없었다니."

이 길을 현실적인 사람practical man이 걷고 있었다. 그는 죽어가는 사람에게 다가와서 혼잣말을 했다.

"이것이 무슨 일인가? 이 사람은 죽어가고 있군. 더 이상 이 길로 가지 않는 편이 낫겠어. 이미 경찰에게 맡겨진 사건이거나, 경찰이 이리로 오고 있는지도 몰라. 자칫하면 나를 가해자로 체포할 수도 있단 말이지."

그때 당신은 자기자신에게 말해야 한다.

"이 사람은 나다. 내가 이처럼 야비하게 영리하다니! 그뿐이 아니라 이 사건에 대해 한 지인에게 말하자 그가 내 편을 들며 영리하고 현실적인 판단이었다고 나를 칭찬했다. 이런 칭찬을 기뻐하면서 내 행동에 만족하다니."

또 깊은 생각에 빠져서 다른 것은 아무것도 보지 못하는 사람이 이 길을 걸었다. 그는 아무것도 보지 못한 채 그곳을 지나쳤다. 그때 당신은 자기자신에게 말해야 한다.

"저 사람이 나야. 이 얼마나 바보 같은가! 내가 저렇게 아무것도 보지 못하고 걸을 수 있었다니! 게다가 죽어가는 사람을 알아차리지도 못했구나."

결국 이것은 대단한 보물이 길 위에 있었는데, 그것을 보고도 그냥 지나쳤을 때 당신 자신에게 말하는 방식과 같다.

그러나 어떤 사마리아인이 여행 중에 거기에 이르렀다.[53] 당신은

---

53 다음을 참고하라: 자비로운 사마리아인은 그를 영국의 두 명의 귀족과 비교하여 특징지을 수 있다. 그들은 가난하고 비열한 자가 전속력으로 달아나는 말을 타고 대로를 내려오는 것을 보았을 때 그 순간에 그들이 말에서 막 떨어지며 도와달라고 소리치는 모습을 보았을 때 귀족들은 가만히 지켜만 보고 있었다. 한 귀족이 다른 사람에게 말했다. "나는 그가 떨어진다는 데에 100파운드 내기를 걸겠어." 그랬더니 다른 사람이 대답했다. "나는 말 위에 너를 올리겠어." 그러자 그들은 말에 박차를 가하기 시작했고

"이 사마리아인이 나다"라고 되새기는 데 싫증나서 "이 사람은 내가 아니다. 아, 나는 저 사람처럼 살 수 없어!"라고 말할 수 있다. 그 비유는 끝났고 그리스도께서 바리새인에게 "가서 너도 이와 같이 하라"고 말씀하실 때 당신은 자기자신에게 말해야 한다.

"이 말씀이 말하고 있는 것은 나다. 당장 떠나자!"

당신은 이를 트집잡지 말고, 재치를 발휘하려고 해서도 안 된다. (경건하게 이해하고자 할 때 재치는 정말 아무것도 보상하지 않는다. 오히려 판단verdict하기 어렵게 만들 뿐이다.) 당신은 이렇게 말하지도 말아야 한다.

"맹세코 장담한다. 내 인생에서 나는 결코 강도를 만나 죽어가는 사람이 있는 길을 걸어간 적이 없다. 게다가 이런 강도를 만나 죽어가는 일은 일반적이지 않고 아주 드문 일이지 않는가."

아니, 이렇게 말해서도 안 된다. "가서 너도 이와 같이 하라"는 말씀은 나에게 언급된 것이라고 말해야 한다. 그렇다면 당신은 말씀을 잘 이해한 것이다. 그리고 당신 자신의 길을 따라 걸으면서 강도의 공격을 받은 사람을 만난 적이 없더라도 나의 길이나 당신의 길에서 불쌍한 사람들을 만난 일은 충분히 많다. 혹은 말씀의 이 사건과 유사한 예를 들어보자.

서둘러 길을 따라 열려 있는 출입문으로 향했다. 어떤 것도 그 불행한 말 탄 자를 멈추지 못하도록 그들은 통행료를 지불했다. 그렇지만 레위인과 제사장은 그냥 지나갔을 뿐이다. 돕는 대신에 내기를 했을 뿐!
-JP III 2859 (Pap. VI A 111) n.d., 1845

당신은 누군가의 공격적인 중상과 비방으로, 문자 그대로는 아니지만 옷이 벗겨져 벌거숭이인 채 버려져 죽어가는 사람을 본 적이 없는가? 그때 제사장이 같은 길을 가다가 피하면서 지나쳤다. 다시 말해, 그는 그 사람에 대한 비방을 처음 들었을 때도 계속 지나쳤고, 그 이야기를 퍼뜨리기까지 했다. 바로 이 제사장인 당신은 자기자신에게 말해야 한다. 그래, 당신이 목사나 전도사이더라도 자기자신에게 말해야 한다.

"이 제사장이 나였다!"

그리고 레위인이 그 길을 가다가 사건 현장을 피하여 지나쳤다. 다시 말해 처음 제사장이 이곳을 지나지고 나서 계속 길을 가다가 이 소식을 레위인에게 전한 것이다. 그렇다면 이 레위인 당신은 자기자신에게 말해야 한다.

"이 사람이 바로 나였다!"

그때 한 주민이 그곳에서 이 이야기를 듣고 나서 또 이 사건을 다른 사람에게 전했다.

"내가 지금 말하는 것처럼, 그들이 그 사람에 대해 이러쿵저러쿵 말하는 것은 완전히 수치스러운 일이다!"

아, 결국, 이것은 말씀에서 전하는 내용보다 훨씬 심각하게 나빠졌다. 말씀에서는 제사장과 레위인이 그 사람을 죽을 지경으로 때리지는 않았으나 전해지고 전해지면서 그들은 강도들의 공범이 되어버렸다!

한밤중에 찾아간 니고데모

당신은 한밤중에 그리스도를 찾아갔던 산헤드린 회원이자 통치자에 대해 읽고 있다.[54] 당신은 관심을 다른 데로 돌려서는 안 된다. 특히 그가 왜 그 시간을 택했는지 이상하다는 말을 함으로써 당신의 관심을 돌려서도 안 된다. 사람이 아무리 자신을 숨기고 싶어도 시편 말씀처럼 빛이신 그분께 나올 때 밤도 대낮처럼 밝기 때문이다.

시편 말씀이다.

"만일 내가 '어두움이 확실하게 나를 숨겨 줄 것이다'라고 해도, '빛이 내 주위에서 밤이 된다'라고 해도, 어둠은 주께 어둡게 할 수 없습니다. 밤이 낮처럼 빛날 것입니다. 이는 어둠이 주께는 빛과 같기 때문입니다."[55]

하지만 시편 말씀처럼(밤도 대낮처럼 밝아) 빛이신 그분 앞에 나온다면, 한밤중에 찾아간다고 해도 아무 소용이 있을까? 그러나 당신은 이렇게 말해서는 안 된다. 당신은 그가 왜 밤길을 선택했는지 너무나 잘 알기 때문이다. 심지어 그리스도께서 길way이고, 여전히 동시대의 길이며, 그분이 다시 오신다고 하더라도, 그가 금지된 길을 가고 있다고 당신은 잘 알기 때문이다.

---

54 니고데모를 말한다. 요한복음 3:1-15
55 시편 139:11-12 참조

이 구절에서 그리스도께서 저 통치자에게 깊이 영향력을 주었다고
해도, 그는 결코 자기자신을 내려놓지 못했고, 자기자신을 완전히 떼
어내지도 못한 그를 읽을 수 있을 것이다. 그래서 그는 밤길을 택했
고, 몰래 그리스도를 찾아가고자 했다.

이 구절에서 당신은 자기자신에게 말해야 한다.

"이 사람이 나다."

당신은 트집잡지 말고, 애써서 아무 관련없는 것들을 뒤섞지 말아
야 한다. 당신은 무엇보다 수업 중에 가만히 앉아 있어야 한다. 당신
은 이렇게 말하지도 말아야 한다.

"저 사람은 엘리트 중에 엘리트야. 그 길은 고위직으로 위세를 부리
면서 비겁하고 쉽게 배신하는 엘리트가 가는 길이지! 정말이지 말씀
은 가난한 자들을 위하여 있으며, 어떻게 그런 말씀이 엘리트를 위해
존재하겠는가!"

아니, 그런 식으로도 말하지 말아야 한다. 당신이 하나님 말씀을 읽
을 때 엘리트 특권층이나 일반적인 엘리트들이나 그들을 고발하는
것과는 아무 관련이 없다. 당신이 설령 엘리트층이든 아니든, 당신이
다루어야 할 것은 자기자신이기 때문이다. 그렇다. 당신은 "이 사람은
나다"라고 말할 수 있어야 한다. 당신이 실제로 이 엘리트를 관찰하려
고 했다는 것을 자기자신에게 고백한다면, "그 사람은 바로 나였다"
라고 말해야 하고, 또 이렇게 말해야 한다.

"트집을 잡으려고 한 것은 나였고, 게다가 이 밤의 어두움 속에 (니

고데모보다) 자신을 한 번 더 숨긴 것도 바로 나였다. (내가 빛이신 하나님 앞에서 작은 소리로 고백하더라도 도우신다.) 또한 내가 하나님 말씀을 이해하지 못한 것처럼 마치 이 말씀이 엘리트에게만 선포된 듯이 트집과 변명 속에 나 자신을 숨긴 것도 나였다. 맞다, 그 사람이 나였다. 오, 내가 그렇게 야비하고 의지박약한 놈이었다니. 내가 차갑지도 덥지도 않고 이도 저도 아닌 놈이었다니."(계 3:15)

이것이 당신이 하나님 말씀을 읽는 방법이다. (이것은 단지 몇몇 사례일 뿐이다.) 미신에 의하면, 사람은 주문을 읽음으로써 정령spirits을 불러올 수 있는 것처럼, 같은 방식으로 당신이 잠시만이라도 하나님 말씀을 이런 방식으로 읽는다면(이것이 첫 번째 요구조건이다), 당신은 자신의 영혼에 깃든 두려움과 떨림을 읽고, 그래서 하나님의 도우심으로 인간이 되고, 자신의 인격personality이 될 것이다. 게다가 하나님의 형상대로 빚은 인간이 마법에 걸린 듯 비인격적이고 객관적으로 변질된 두려운 모순에서 구원받을 수 있다.

이런 방법으로 하나님 말씀을 읽는다면, 당신은 (당신에게 두려울지라도 이것이 구원의 조건임을 기억하라.) 요구조건을 실행하는 데 가능할 것이다. 즉, 말씀의 거울 속에 있는 자기자신을 보는 것을 오직 이 방법으로만 가능하다.

하나님 말씀이 단지 교리이고, 비인격적이고 객관적인 것이라면 말씀은 거울이 될 수 없다. 객관적인 교리는 거울이라고 불릴 수 없다. 벽 속에서 자기자신을 볼 수 없듯이 객관적인 교리에서 당신 자신을 볼 수 없다. 그리고 당신이 비인격적으로(객관적으로) 하나님 말씀을 관련시키기를 바란다면, 거울 속에 자신을 보면서 질문조차 할 수 없다. 거울 속에 자기자신을 보는 것은 '나,' 나의 인격을 포함하는 문제이기 때문이다.

거울 속에 벽이 보일 수 있다. 그러나 벽은 자기자신을 볼 수 없고 거울 속에 있는 자신을 볼 수도 없다. 하나님 말씀을 읽는 동안, 당신은 끊임없이 자신에게 말해야 한다.

"말씀이 나에게 말한다. 말씀은 나를 말하고 있다."

● ● ●

마지막으로, 당신이 진정한 축복으로 거울 속에 있는 자기자신을 보고자 한다면,

당신은 자신이 어떻게 보였는지 잊지 말아야 한다.

당신은 사도가 말했듯이 잘 잊어버리는 청자(혹은 독자)가 되지 말아야 한다.

즉 그는 거울 속에 있는 자기자신을 보았으나 어떠했는지

즉시 잊어버리고 말았다.(약 1:24)

이것은 의심할 여지없다. 거울 속에 있는 자기자신을 본다는 것 그리고 그 모습을 잊지 말아야 하는 것은 모래나 물 위에 글씨를 썼거나 공기 중에 그림을 그린 것과 같아서, 당신이 할 수 있는 최선의 방법은 즉시 자신에게 말해야 한다.

"나는 이를 잊지 않으려고 즉시 예방하는 일을 할 것이다. 바로 이

순간, 즉시, 나는 나 자신과 하나님께 약속한다. 이 약속은 단 한 시간을 위하든지 오늘 하루를 위하든지, 오랫동안 잊지 말아야 한다."

나를 믿으라. 이것은 당신이 할 수 있는 최선이다. 당신은 내가 심리학자 같은 명성을 떨치고 있다는 것을 잘 알고 있다. 하지만 슬프다. 나는 잘 알지만 당신은 모르는 것! 내가 실제로 그런 인물이라면, 얼마나 수많은 고통과 얼마나 수많은 쓰라린 경험을 통해 내가 그렇게 되었는지 당신은 알지 못한다.

당신은 분에 넘치는 일을 하려고 하지 말고 "나는 결코 잊지 않을 것이다"라고 즉시 말하는 것이 좋다. 오, 친구여, 당신은 "나는 결코 그것을 잊지 않을 것이다"라고 즉시 말하기보다 즉시 잊지 않고 기억하는 것은 훨씬 더 좋다. 이렇게 진지함이란 정직한 자기 불신이다. 또한 진지함이란 자신을 의심스럽게 다루는 것이다. 이는 마치 금융업자가 "자, 이런 큰 약속은 도움이 안 됩니다. 나는 당장 총 금액 중 작게나마 갖는 편이 낫습니다"라고 말하면서, 신뢰할 수 없는 고객을 다루는 것과 다름없다.

또한 여기에서도 마찬가지이다. 당신이 자기자신에게 결코 잊지 않겠다고 하면서, 그것은 빈약한 나머지 당장 다음 시간부터 기억하겠다고 약속한다! 그리고 다음 시간에 모든 것을 결정한다. 우리가 "조용한 시간"이라고 하는 시간이 지나서 또 다음 시간, 또 다음 시간은 아주 중요한 시간이다. 그 시간이 지나가고 당신은 이렇게 말할 것이다.

"나는 결코 잊지 않기를 약속했다. 결과적으로 나는 평생 살아가면서 기억하겠다. 그러나 바로 다음 시간부터 그토록 철저하게 약속을 지켰다고 한들 얼마나 보잘것없는가?"

당신이 그렇게 말했다면, 곧잘 잊어버리는 청자 혹은 독자가 확실하다. 나쁜 습관에 중독되고 지금도 중독되어 있는 누군가를 상상해 보라. 그에게 어떤 순간이 찾아온다. (그 순간이 모든 사람에게 오는 것처럼 아마 여러 차례, 그러나 슬프다! 여러 차례 허사가 되고 말았다.) 그가 나쁜 습관을 중단한 순간이다. 그는 바람직한 결단을 한다. 어느 날 아침에 그가 자신에게 이렇게 말했다고 상상해 보라.

"나는 노름과는 아무 상관없게 될 거라고 엄숙하게 맹세해. 절대 노름하지 않겠어. 노름은 오늘 밤이 마지막이야."

아, 친구여, 그는 졌다! 이를 아주 이상하게 여길 수 있겠지만, 나는 그 반대에 내기를 걸겠다. 그 순간에 이런 노름꾼도 있을 것이다.

"자, 이제 남은 내 인생의 복된 날마다 노름을 할 수 있어. 하지만 오늘 밤에는 혼자 있는 게 낫겠어."

그리고 그는 혼자 있었다. 아, 친구여, 그는 확실히 구원을 받았다! 첫 번째 노름꾼의 결단은 욕망의 발칙한 속임수였고, 두 번째 노름꾼의 결단은 욕망을 기만하였다. 하나는 욕망에 기만당했고, 다른 하나는 욕망을 기만했다. 욕망은 순간만 강렬하다. 욕망이 어떤 순간 제멋대로라면, 욕망 쪽은 평생 약속할 만한 아무것도 없으나 상황을 뒤집는다.

"아니야. 오늘은 안 돼. 그러나 내일, 내일 모레는 할 수 있지 않겠어?"

이렇게 욕망을 기만한다. 욕망이 기다려야준다면, 이제 욕망은 욕망을 상실한다. 욕망은 자신을 알리는 순간 입장entrance을 허락받지 못한다면, 내일도 욕망은 다른 사람들 앞에서도 입장할 수 없다고 할 수 있다. 그렇다면 욕망을 이해하고 있는 것이다. (옛날에 왕을 가장 잘 보필하면서 환심을 잘 사고 기발한 신하courtier, 약삭빠른 여자들이 영접실에서 왕을 만나는 것이 무엇을 의미하는지 이해하는 것보다 훨씬 빠르게), 욕망은 더 이상 유일하지 않다. 다시 말해 더 이상 욕망은 욕망일 수 없다.

바로 이것이 우리가 즉시 잊지 않기 위해 돌보는 방식이다. 바로 다음 시간에 즉시 기억해야 하는 것을 면제 받으려고 절대 잊지 않겠다고 약속하지 말라. 오히려 상황을 바꾸어 이렇게 말하라.

"이것을 평생 확실하게 기억할 아무 이유는 없지. 그러나 이 순간만은 분명히 기억하겠다고 약속한다. 그리고 그 약속을 지킬 것이다."

이제 당신이 여기서 벗어나면(당신은 이것을 주일에 전달된 설교로 가정할 수 있다), 설교자speaker나 설교speech를 비판하는 데 분주하지 말라. 당신이 비판한다면 당신이 설교를 곧바로 잊어버렸다고 말할 수 없다. 하지만 그런 식으로 설교를 기억한다면, 기억한다고 해도 잘 잊어버리는 청자와 다름이 없다.[56] 그렇다면 설교자와 설교를 잊으

---

56 누가복음 2:19, 10:39를 참조하라.

라. 집으로 돌아가서 홀로 설교의 말씀 본문을 읽으라. 가능하면 큰소리로 읽으라. 그리고 나서 즉시 실행하라! 당신은 그렇게 할 것이다. 그렇지 않나? 그렇다면 당신께 감사드린다.

십 년이 지난 후, 우연히 이 설교의 본문을 읽고 끝까지 읽는 누군가 있다면? 오, 나는 지금 바로 당신에게 묻는다. 바로 당신에게 당신이 설교의 말씀 본문을 읽고 가능하면 큰소리로 읽어야 한다. 그리고 나서 즉시 실행해야 한다. 당신은 그렇게 할 것이다. 그렇지 않나? 그렇다면 당신께 감사드린다.

집을 가정으로 만드는 예술

당신, 오, 여자여, 당신에게 말씀을 잊지 않는 청자 혹은 독자의 모습이 있는 것이나 마찬가지이다. 당신은 적절하게 사도의 훈계를 따랐다.

"여자는 교회에서 잠잠하라."(고전 14:34)

이 말씀은 그녀에게 잘 어울린다. 그녀는 집에서 잘 떠들지 않아서 그녀에게 그다지 어울리지 않는다. 그래, 그녀에게 침묵하게 하자. 그녀가 침묵 속에서 말씀을 묵상하게 하자. 그녀가 침묵해서 말씀을 깊이 간직하고자 한다는 것을 표현하게 하라. 당신은 침묵을 믿는가? 나는 믿는다.

가인이 아벨을 죽였을 때 아벨은 침묵했다. 그러나 아벨의 피가 하늘에 소리친다.(창 4:8-10) 그것이 소리친다('소리쳤다'가 아니다). 하늘에 소리친다. 결코 침묵하지 않는 얼마나 끔찍한 웅변인가! 아, 침묵의 능력! "침묵한 자The Silent"라는 이름의 저 왕족,[57] 그의 침묵은 아무 것도 의미하지 않은가? 틀림없이 다른 사람들은 나라의 구원에 대하여, 그들이 하고 싶었던 것을 큰소리로 말한다. 그런데 그만 홀로 침묵했다. 이 침묵은 무엇을 의미하는가? 그가 그 사람이었다는 것, 그가 나라를 구원했다는 것, 오, 침묵의 능력이여![58]

침묵은 여자에게서도 함께 한다. 나는 말씀을 잊지 않는 청자, 그런 그녀를 서술하겠다. 그러나 이 서술은 당신 자신이 그 사람이라는 것을 잊지 말라! 이미 말했듯이 그녀는 교회에서 말이 없다. 침묵한다. 그녀는 집에서 종교에 대해 말하지 않는다. 그녀는 침묵한다.

그러나 그녀가 방심하는 것도 아니고, 멀리 다른 지역에 있는 것도 아니다. 당신은 앉아서 그녀와 이야기를 나누고 있다. 당신은 앉아서 자신에게 "침묵하고 있다"고 말한다. 이 침묵은 무엇을 의미하는가?

그녀는 집을 가꾼다. 그녀는 전심을 다하고 있는 것처럼, 심지어 가

---

57 Orange의 왕자였던 William 1세(1533-1584). 그는 스페인과 네덜란드 공화국의 창립자에 의한 지배에 맞섰던 네덜란드의 지도자였다. 그는 "침묵한 자"로 불렸다. 이는 스페인 왕을 섬기는 동안 그의 감정을 숨겼던 그의 능력 때문이었다.

58 최종 원고에서 다음으로 나오는 구절이다: 또한 당신 여자여, 침묵하라. 그러나 이 침묵은 무언가를 의미한다. 그것은 당신이 종교가 필요치 않다는 것을 발견한 것이 아니다. 아니, 그 반대이다. 당신이 종교가 얼마나 필요한지를 알게 되었는지, 그것을 말할 필요가 없다는 것을 발견했을 뿐이다. –Pap. X⁶ B 4:10 n.d., 1851

장 작은 세부적인 것들조차 완전히 몰입하고 있다. 그녀는 즐겁다. 이따금 농담하면서 즐거움으로 가득 차 있고, 아이들보다 더 가정의 큰 기쁨이다.

당신은 앉아서 그녀를 보면서 자신에게 "그녀는 침묵하고 있다"라고 말한다. 이 침묵은 무엇을 의미하는가? 그녀 옆에 가장 가까운 사람, 그녀와 불가분의 관계로 묶여 있는 사람, 그녀가 온 힘으로 사랑하고 그녀의 확신을 요구할 수 있는 사람이 있다면, 바로 그녀 남편이다. 그는 그녀에게 단도직입적으로 이렇게 말했다고 상상해 보라.

"이 침묵은 무엇을 의미하는 거요? 당신은 무슨 생각을 하는 거요? 이 모든 것들 이면에 뭐가 있단 말이요. 항상 당신 마음속에 있는 그 무엇, 그게 뭔지 말해 달란 말이오!"

그녀는 직접적으로 말하지 않는다. 기껏해야 회피하듯이 말한다.

"당신은 주일에 나와 함께 교회에 갈 거죠?"

그리고 그때 다른 것들에 대하여 말하거나 이런 말을 한다.

"주일에 큰소리로 내게 설교를 읽어준다고 약속해요!"

이 침묵은 무엇을 의미하는가? 도대체 무엇을 의미하는가 말이다. 더 이상 조사하지 말자. 그녀가 남편에게 아무것도 구체적으로 말하지 않는다면, 나머지가 무엇이든 말하라고 주장할 수 없다. 그래, 더 이상 조사하지 말고, 하나님 말씀이 사람들을 조금이라도 통치해야 한다면 필요한 것은 정확히 '침묵'임을 명심하자.

이 세계와 삶의 현재 상태를 관찰한다면, 기독교 관점에서 이렇게 말해야 한다(기독교 관점에서 정당하게).

"그것은 질병disease이야."

내가 의사라면, 그래서 누군가 "당신이 생각하기에 내가 무엇을 해야만 합니까?"라고 내게 묻는다면 이렇게 대답할 것이다.

"가장 먼저 할 것, 무조건 무엇인가 해야 할 조건, 결과적으로 첫 번째로 실천할 것은 이것이다. 침묵을 창조하라! 침묵을 전하라! 그렇지 않다면 하나님 말씀이 들리지 않는다. 시끌벅적한 가운데 하나님 말씀을 듣는다면, 말씀을 확성기instruments로 귀청이 떨어질듯이 소리쳐야 한다면, 그것은 하나님 말씀이 아니다.

그러니 침묵을 창조하라! 아, 주위가 너무 시끄럽다. 센 술이 피를 끓어오르게 한다고 말하는 것처럼, 이 시대에 모든 것, 가장 하찮은 계획조차, 가장 공허한 소통communication조차, 가장 어리석은 말조차 사람들의 감각을 뒤흔들기 위해 고안되었거나 군중, 대중, 무리를 선동하려고, 소음을 만들어 내려고 고안된 것들이다! 그리고 사람, 이 영리한 자는 가능하면 최대 속도와 최대 규모로 소음을 증폭시키도록, 소음과 무의미를 퍼뜨릴 수 있게 새로 고안된 도구를 발명하려고 잠잘 줄도 모른다.

그래, 모든 것은 곧 엉망이 되어버린다. 이 의미를 살펴보면, 소통의 의미는 최하위 지점으로 떨어지고, 동시에 소통의 속도와 순환 상황은 최상위 지점까지 상승할 것이다. 도대체 무엇때문에 그렇게 급히 알려져야 할까? 또한 무엇이 이보다 더 널리 순환할까? 그러나 쓰

레기다!"⁵⁹ 오, 침묵을 창조하라!"

여자는 바로 이것을 할 수 있다. 남자가 자신이 존재하는 것만으로 사람들을 침묵하게 할 수 있으려면 아주 특별한 우월함이 필요하다. 반면에 여자는 그들 경계에서, 그녀의 영역에서 굳이 이기적이지 않고 겸손하게 더 고상한 상태에서 침묵하기를 원한다면 침묵할 수 있다.

자연은 여자에게 불공평하지 않다. 기독교 역시 여자에게 불공평하지 않다. 누군가 자신의 영역에서 품위 있게 영향을 끼치기를 바라는 것, 세상에! 능력자power가 되기를 바라는 것, 그것은 여성적인 것만이 아니라 인간적이다. 그러나 여자는 다른 방법으로 자신의 능력을 발휘한다. 그녀는 아름다움으로, 매력으로, 재능으로, 담대한 상상력으로, 행복한 기질로, 또한 소란스러운 방법으로 능력자이기를 시도한다. 후자는 꼴사납고 진실하지 않다. 그리고 전자는 긴장되고 불확실하다.

당신이 능력자이기를 원한다면, 오, 여자여, 내가 그렇게 될 수 있는 방법을 털어놓겠다. 침묵을 배우라! 침묵을 가르치라! 아, 당신은 얼마나 이 침묵을 아는가! 이 비좁은 처지가 당신의 자리라고 해도 당신은 당신의 집을, 가정을 소박하고 친숙하게, 매력적으로 가꾸는 방법을 잘 알고 있을 것이다. 당신의 자리가 아무리 비좁아도 매력적

---

59 당시 키에르케고어가 생각하는 소통의 수단은 신문(그에게 특별한 혐오의 수단)과 전신기(telegraph, 당시에 막 사용되었음) 정도였을 것이다. 그러나 이 구절을 통해 그가 전화, 무선 통신, 라디오, 뉴스뿐만 아니라 소리를 만들어 내는 현대적인 수단들을 염두해 두고 있다는 것을 추론할 수 있다.

일 것이다. 더 좋은 처지가 당신의 자리라고 해도 당신은 당신의 집을, 가정을 우아하고 아늑하게, 매력적으로 가꾸는 방법을 알고 있다. 풍요로운 곳이 당신의 자리라면, 당신은 부유하면서wealth 단순하게 simplicity, 부유함을 드러내지 않으면서 재치있게 당신의 집과 가정이 어떻게 매력적이게 보이는 방법을 잘 알고 있다.

　내 눈은 이런 것을 보는 데 눈이 멀지 않았다. 아마 내 안에 아주 시적인 감성이 풍부할 것이다. 그러나 이런 것을 다른 사람이 찬양하게 하라. 다만 한 가지 강조할 게 있다. 당신이 이것을 당신의 집에, 가정을 가꾸는 데 잊는다면, 가장 중요한 것이 부족하게 된다. 이것은 침묵이다!. 침묵! 침묵이다! 어떤 특별한 무엇이 아니다. 이것은 단순히 말의 부재 상황을 말하는 게 아니기 때문이다.

　침묵은 아늑한 방안에 은은한 불빛 같고, 소박한 거실의 배려 같은 것이다. 침묵은 우리가 말할 수 있는 것은 아니다. 그것은 거기에 있으면서 유익하게 능력을 발휘한다. 침묵은 분위기tone, 기본이 되는 분위기가 아닐까? 그래서 침묵은 두드러지지 않고 기본적인 분위기라고 할 것이다. 침묵은 언제나 바탕에 깔려 있기 때문이다. 예를 들어, 커튼을 설치할 누군가를 불러 설치하게 한다면 동일한 침묵이 일어날 수 없다.

　침묵이 일어난다는 것, 그것은 당신의 현존의 문제이다. 혹은 당신의 집에서, 가정에서 당신이 존재하는 방식의 문제이다. 당신이 집에 있으면서, 지속적으로, 매년, 침묵을 일으킬 수 있다. 뿐만 아니라 이 침묵은 당신이 부재 중에도 거기 존재하고 당신을 증언testimony한다. 슬프다, 마침내 침묵은 당신이 없더라도 그런 당신을 기억할 것이다!

여자는 이런 결정적 특성을 서술하는 형용사를 구사한다. 여자들마다 다양하고 그 차이가 크더라도 이 특성은 필요하다. 어떤 풍부함도 이보다 부족하며, 어떤 가난도 이보다 부족하다고 변명하지 못한다. 그러므로 이는 공무원들 권위를 상징하는 명찰과 같다. 물론 개인 차이는 존재한다. 한 사람은 사회에서 우월한 위치이고 최고 지위지만, 다른 사람은 최하위계층일 때 한 가지 공통점이 있다. 권위의 명찰이다. 명찰이 남성의 품위인 것처럼, 이 특성은 "집을 가정으로 만드는 예술"이며, 여자의 품위dignity이다.

이처럼 다양하고 다채로운 차이가 나는 수많은 여자들, 그들 모두 공통적인 것은 여자, 이것이 공통적이며 집을 가정으로 만드는 예술이다.

소박한 중산층 여자를 예로 들어보자.

그녀가 정말 집을 가정으로 만들 능력이 있다면, 그녀를 존경하라! 나는 여왕처럼 그녀에게 절하리라! 반면에 그녀가 여왕이라고 해도 집을 가정으로 만들 만한 능력이 없다면 그녀는 평범한 여자일 뿐이다.

아름다움을 찾아 볼 수 없는 어린 여자를 예로 들어보자.

그녀가 집을 가정으로 만들 만한 능력이 있다면(어린 여자라고 해도) 그녀를 존경하라! 반면에 그녀에게 빛나는 아름다움으로 온갖 재

능이 있다고 해도, 이 아름다움이 그녀를 유명인으로 만든다고 해도
그녀가 집을 가정으로 만드는 예술이 없다면, 그녀가 이 예술을 존중
한 적이 없다면, 그녀에게 아무리 모든 재능과 아름다움과 명성이 주
어진다고 해도 여전히 평범한 여자일 뿐이다.

집을 가정으로 만드는 예술! 여자의 이 점을 높이 평가한다. 집을
가꾸는 것은 실제로 여자이다. 어린 여자가 결혼하지 않았을지라도
여자다운 장점으로 그녀를 평가한다. 즉 집을 가정으로 만드는 예술
을 말이다. 그리고 집에 침묵을 흐르게 한다. 침묵은 집을 가정으로
만드는 영원의 예술이다!

오, 여자여. 당신이 이 침묵을 흐르게 했다면, 그것을 가르쳤다면
당신 자신이 침묵을 실천하길 바란다. 당신은 매일 거룩하신 분the
divine의 감동에 집중하는 시간을 가져야 한다. 당신은 그 시간을 마련
해야 한다. 양손이 꽉 차 있어도 당신은, (여기에 다시 가져온다.) 당
신은 정말 집을 가정으로 만드는 예술을 가지고 있다. 이런 식으로 시
간을 다룬다면 시간은 충분하다. 이를 유념해야 한다. 남자는 할 일이
많고 시끄러운 세상과 너무 많이, 지극히 많이 관계한다. 당신이 모두
제대로 되어 있는지 유념하지 않는다면, 거기 침묵이 있어야 한다고
유념하지 않는다면, 침묵은 결코 당신의 집으로 들어가지 않는다.

이를 주의하라! 지금 어린 여자는 학교에서 많은 것을 배운다. 독일
어와 프랑스어뿐만 아니라 그리기도 배운다. 또한 그녀는 틀림없이
집에서 유용한 것을 많이 배운다. 지금 그녀가 중요한 것을 배우는지,

그녀가 훗날 누군가 가르치려고 배우는지(훗날 프랑스어와 독일어를 가르쳐야 할 몇몇 아이가 있기에), 다시 말해 그녀가 침묵을 배우는지 의문스럽다.

나는 알지 못한다. 그러나 당신, 이 면을 주의하라! 침묵을 배우는 것은 당신의 숙제이다. 말씀의 거울 속에서 자기자신을 보라는 사도의 말을 기억하라. 거울 속에 자기자신을 너무 자주 보는 여자는 자만하고vain, 자만한 나머지 말이 많다. 시간의 거울 속에 자기자신을 보는 여자는 귀에 거슬리게 시끄럽다! 아, 그러나 말씀의 거울 속에서 자기자신을 보는 여자는 침묵한다.

그녀가 침묵한다면, 아마 그녀가 잘 잊어버리는 독자 혹은 청자가 아니라는 강력한 암시이다. 말씀의 거울 속에서 자기자신을 본 후 말이 많아진다면, 이것은 말씀을 잊었다는 암시이다. 그러나 침묵하게 된 자의 침묵은 확실한 표시sign이다. 당신은 사랑에 빠진 자를 알아차린다. 그가 말이 많아질 수도 있다. 오, 그러나 침묵한다면, 그것은 더 확실한 표시이다.

02

[60]그리스도는 길이다

•••

승천일

60 이후에 나오는 내용은 부록 213쪽을 참고하라. p. 236-38 (Pap. X⁶ B 3)

Søren Aabye Kierkegaard, 1813-1855

사도행전 1:1-12절의 말씀 본문이다.[61]

1. 데오빌로여 내거 먼저 쓴 글에는 무릇 예수께서 행하시며 가르치기를 시작하심부터
2. 그가 택하신 사도들에게 성령으로 명하시고 승천하신 날가지의 일을 기록하였노라
3. 그가 고난 받으신 후에 또한 그들에게 확실한 많은 증거로 친히 살아 계심을 나타내사 사십 일 동안 그들에게 보이시며 하나님의 나라의 일을 말씀하시니라
4. 사도와 함께 모이사 그들에게 분부하여 이르시되 예루살렘을 떠나지도 말고 내게서 들은 바 아버지께서 약속하신 것을 기다리라
5. 요한은 물로 세례를 베풀었으나 너희는 몇 날이 못되어 성령으로 세례를 받으리라 하셨느니라
6. 그들이 모였을 때에 예수께서 여쭈어 이르되 주께서 이스라엘 나라를 회복하심이 이 때니이까 하니
7. 이르시되 때와 시기는 아버지께서 자기의 권한에 두셨으니 너희가 알 바 아니요
8. 오직 성령이 너희에게 임하시면 너희가 권능을 받고 예루살렘과 온 유대와 사마리아와 땅 끝까지 이르러 내 증인이 되리라 하시니라
9. 이 말씀을 마치시고 그들이 보는데 올려져 가시니 구름이 그를 가리어 보이지 않게 하더라
10. 올라가실 때에 제자들이 자세히 하늘을 쳐다보고 있는데 흰 옷 입은 두 사람이 그들 곁에 서서
11. 이르되 갈릴리 사람들아 어찌하여 서서 하늘을 쳐다 보느냐 너희 가운데서 하늘로 올려지신 이 예수는 하늘로 가심을 본 그대로 오시리라 하였느니라
12. 제자들이 감람원이라 하는 산으로부터 예루살렘에 돌아오니 이 산은 예루살렘에서 가까워 안식일에 가기 알맞은 길이라

61　1851년, 이 승천 본문(Ascension text)은 5월 29일을 위한 것이었다.

기 도

주님, 당신은 이미 운명을 다 아셨습니다. 그러나 절대로 물러서지 않았습니다.
주님, 당신은 비천과 가난 속에서 태어나셨습니다.
그러나 비천과 가난 속에서 세상의 죄를 지고 가셨습니다.
마침내 세상에서 조롱을 받았고, 비난을 받았고, 버림받았고,
심지어 하나님께도 버림받았습니다. 결국 모멸적인 죽음으로 고개를 떨구셨습니다.
주님, 당신은 살아서 적을 정복하지 못하셨습니다.
그러나 죽으심으로 심지어 죽음까지 정복하셨습니다!
주님, 당신은 영원한 승리자이십니다.
당신은 고개를 다시 들었습니다. 그리고 하늘 높이 오르셨습니다!
주님, 우리도 당신을 따르게 하소서!

02

그리스도는 길이다

설교의 의미

그리스도는 길이다.(요 14:6) 그분의 말씀이다. 그러므로 확실히 진리가 틀림없다. 이 길은 좁다trang.(마 7:14) 이 역시 그분의 말씀이다. 그렇기 때문에 확실히 진리가 틀림없다.

이렇게 말씀하지 않았을지라도 이 말씀은 여전히 진리이다. 여기에서 고차원적으로 "설교한다"가 무엇인지를 알 수 있을 것이다. 그리스도께서 "생명으로 인도하는 문은 좁고 길이 협착하여 찾는 자가 적음이라"고 말씀하지 않아도 그분을 보라! 그러면 당신은 즉시 그 길이 좁다는 것을 알 수 있다. 그분의 삶이 매일, 매 시간, 매 순간마다 "이 길은 좁다"는 것을 표현한다는 사실은 그분의 삶이 그것을 표현하지 않고 몇 번 정도 "이 길은 좁다"고 설교한 것보다 완전히 다른,

지속적이고 선명한 선포이다.

　게다가 매일, 매시간, 매 순간마다 그분의 삶이 그 반대의 삶을 표현한 사람의 30분 가량 기독교에 대한 설교를 했다면 진정한 선포에서 가장 멀리 있는 것이다. 그런 설교는 기독교를 정반대의 것으로 바꾸어놓고 말았다. 그 옛날의 찬송가에서("오, 위대한 하나님, 우리가 당신을 찬양합니다"[62]) 말씀의 다양한 선포를 말하고 있는데, 그런 류의 설교에 대해 어떤 언급도 없다. 그것은 "기독교가 완전히 승리했다"고 믿었던 훗날의 발명품이다.

　찬송가는 이렇게 말한다. "예언자들이 당신을 찬양합니다." (오, 하나님) 그들은 때가 차서 일찍이 존재했다. 그 다음에 "사도들이 당신을 선포합니다." 이들은 특별한 사역자들이다. 즉 예언자들과 사도들. 오늘날 수많은 무리, 바글거리는 인파가 몰려온다. 너와 내가 그들과 함께 있다. 나는 한 번 상상해 본다. 그래, 들려오는 소리만 들어보라. "죽음의 순간에 순교자들의 무리가 당신을 찬양합니다." 그리고 찬양은 끝난다.

　이 가사가 그 길이 좁다는 교리의 진정한 선포이다. 이 설교자는 자신을 조롱하지 않는다. 자신이 걸었던 길이 쉽지만, 그럼에도 불구하고 "그 길"이 좁다고 설교한 경우와는 다르다. (그는 감동적으로 확신

---

62 루터의 독일어 판에서 유명한 해군 영웅이었던 Herluf Trolle에 의해 번역된 Ambrose의 *Te Deum*(라틴 찬송가)이다.

있게 눈물 한 방울 흘리지 않고 말씀을 전했을 것이다. 그러나 그에게 쉽게 슬픔이 찾아올 것이다!) 다시 말해, 이 좁은 길은 그가 걷는 길이 아니다.

그래, 설교자의 삶은 그 가르침을 표현해야 한다. 그 길은 좁다. 오직 단 한 길만 있다. 즉, "그 길"이 좁다고 설교할 때 설교자는 그 길을 걷고 있어야 한다. 설교자 자신은 부드럽고 쉬운 길을 걸으면서 "그 길"은 좁다고 설교하는 그런 갈래 길은 존재하지 않는다. 다만 이 좁은 길, 진정한 길, 그 길은 그가 걷지 않은 길일 뿐이다. 그의 설교는 사람들을 좁은 길에 있는 그리스도를 따르도록 초청하지만 그의 삶은 (당연히 그의 삶이 훨씬 더 큰 영향력이 있다) 그들을 쉽고 부드러운 길을 따라가는 설교자를 따르도록 초청한다. 이것은 기독교인가? 절대로 아니다. 기독교 관점에서 삶과 설교는 같다. 같은 가르침을 표현해야 한다. "그 길"은 좁은 길이다. 이 길이 그리스도의 길이고, 좁은 길이다. 이 길은 처음부터 좁았다.

그리스도의 길

그분은 가난과 궁핍 속에서 태어난다. 사람은 여기에서 태어난 자는 인간이 아니라고 믿으려는 유혹에 빠지기 쉽다. 그분은 마구간에서 태어났고, 강보에 싸인 채 말구유에 누워 있었다. 그러나 이상하게 신생아 시기부터 그분은 권력을 가진 통치자에 의해 핍박을 받았다. 가난한 부모는 아기와 함께 도망가야 했다. 진실로 유일한 좁은*trang, narrow* 길이었다.

왕위를 상속받을 만큼 고상한 지위를 가진 자가 태어났다면, 그래, 그는 권력자의 핍박의 대상이 될 수 있다. 그런데 마구간에서 태어나서 강보에 싸인 아기, 몹시 옹색할*Trang, straits* 수밖에 없는 궁핍과 가난한 그분은 일반적이라면 권력자에 의한 핍박 대상에서 제외되었을 것이다.

그러나 그분은 태어날 때부터 높은 지위에 올라갈 운명이 아니었듯이 역시 모든 일은 처음과 다름없는 상황에 놓인다. 그분은 가난과 비천에 처해졌고, 머리 둘 곳조차 없었다.(눅 9:58) 인간적으로 그분의 길은 몹시 좁은 길이었다. 이 길은 좁은 길 중에 그나마 쉬운 편이었다.

그러나 이 길은 다른 의미에서 좁다. 처음부터 좁은 길이었다. 처음부터 그분의 삶은 시험*temptation*이었다. 그분의 삶에서 시험 기간은 40일 만이 아니었다. 물론 40일은 시험 기간이었지만 그분 전 생애를 말하는 것은 아니었다. (그분 전 생애가 고난투성이지만[63]) 그분 삶의 매 순간마다 시험이었고, 언제나 그분의 능력으로 자신의 소명이나 과업을 무효로 만들어버릴 상황에 놓이곤 했다.

광야에서 시험에 빠뜨리는 자는 사탄이었고, 그렇지 않으면 사람

---

63 다음을 참고하라. *Practice*, KW XX(SV XII 157-59).

들이 그 역할을 대신했다. 때로는 사람들이, 때로는 제자들이 그분을
시험에 빠뜨렸다. 아마 동시에, 특히 처음부터 권력자들은 그분의 소
명과 과업을 세속화하고, 그분을 시험에 빠뜨리려고 안간힘을 썼다.
어쨌든 그분은 세상에서 중요한 인물이 될 수 있었다. 왕이나 통치자
가 될 수도 있었고,[64] 사랑하는 제자들의 유일한 소원을 이루어지게 할
수도 있었다. 동시에 제자들이 불행에 빠지게 되고, 제자들을 위해 그
분이 굴복하는 시험에 빠지게 되었다.

사람들은 처음부터 왕과 통치자가 되려고 엄청난 노력을 하는 것
과 마찬가지로, 그분은 처음부터 왕과 통치자가 되지 않으려고, 그를
막기 위해 무한히 엄청나게 노력했다.

이 얼마나 좁은 길인가! 고통을 피할 수 없을 때 피할 길이 없을 때
그 길은 몹시 좁은 길이다. 그러나 고통의 순간마다(슬프다! 매 순간
이 고통이다!) 놀랍다, 세속적으로 그토록 바랐던 구원, 성공과 그 모
든 것보다 더한 것을 쉽게 성취할 수 있는 조건이 밀려왔을 때 그분에
게나 이보다 더 좁은 길이 있겠는가! 이 좁은 길, 아무리 좁더라도 진
정한 제자follower는 이 길을 통과해야 한다!

위대한 인물로 존경받고 싶은 것은 인간 공통의 갈망이다. 또 일반
적인 사람들의 속임수는 자신의 모습보다 더 괜찮은 인물로 행세하
고자 하는 것이다. 그러나 그리스도인의 고통은 다르다. 부르심받은

---

64 예를 들어, 다음을 보라. 마태복음 4:1-11; 요한복음 6:15, 12:12-13

자는 하나님과의 관계를 통해서 능력이 주어지기에 더 괜찮은 사람처럼 보이고자 하는 속임수 탓에 시험에 빠지지 않는다. 하지만 그 같은 순간에 치명적인 불안이 엄습하고 불안이 자신을 사로잡는다. 이런 종류의 선물[65]이 어떤 파멸을 의미하는지 이해하기 때문이다.

그분이 시험에 빠지는 것은 그대로의 모습보다 더 부족한 자로 자신을 말하는 것이다.[66] 어떤 사람도, 하나님 외에 누구도 자신을 부족하게 말하지는 않기 때문이다. 그분이 이를 실행하자, 기쁨과 환희와 영광이 기다리고 있었다. 그분은 승리했으니까. 하지만 그분은 언제나 승리하지 않도록 자신을 제어해야만 했다. 이 얼마나 좁은 길인가!

그리스도의 운명

이 길은 처음부터 좁았다. 그분은 처음부터 자신의 운명을 알았다. 얼마나 두려운 고난의 무게였을까? 세상과 맞서 싸우고자 두려움 없이 환호성을 지르며 나아간 수많은 사람들, 아주 많은 사람들이 있었다. 사람들은 그들이 승리할 것이라고 기대했다. 그러나 그들이 기대한 대로 되지 않았다. 상황은 달라졌다. 심지어 파멸은 피할 수 없을

---

65 이것은 앞에서 제시되었던, 세속적인 마음이 원했던 구원, 성공 같은 것들이다.
66 다음을 참고하라. "Against Cowardliness," Eighteen Discourses, *KW* V (SV V 143-48).

지경에도, 그 순간을 맞닥뜨려도 그들은 결국 승리로 바뀔 거라는 인간적인 희망의 끈을 놓지 않았다. 혹은 하나님께서 전지전능하시기에 결국 승리로 바꾸실 거라는 경건한 기적을 믿었다.

그러나 그리스도는 처음부터 자신의 운명을 알고 있었다. 그 운명을 피할 수 없다는 것도 알았다. 그는 스스로 그 운명을 택했고 그 운명 속으로 기꺼이 들어갔다! 처음부터 안다는 것은 얼마나 소름끼치는 일인가! 그분 생애 초기부터 사람들이 환호성을 지르며 환영했을 때 그분은 그 순간에도 그것이 무슨 의미인지 알았다. 바로 그들이 "십자가에 못 박아라!"(막 15:13-14)라고 외칠 사람들인 것을 알고 있었다.

"도대체 왜 그분은 그들과 연관되기를 원하는 거요?"

신성모독이다! 당신은 어떻게 인류의 구세주에게 감히 그렇게 말하는가! 그분은 다시 한 번 그들을 위해 사랑의 행위를 하신다. (그분 전 생애는 사랑의 행위 외에 아무것도 없다.) 그분은 같은 순간에 그것이 무슨 의미인지 알았다. 이 사랑의 행위가 그분을 십자가에 매달게 하는 이유라는 것도 알았다.(요 11:46-53) 그분이 자신을 사랑했다면, 그분이 스스로 사랑의 행위를 멈추었더라면, 그분에게 십자가형은 불가능했을 것이다.

"그때 그분은 피할 수도 있었다!"

이것은 신성모독이다! 당신은 어떻게 인류의 구세주 그분을 감히 그렇게 말하는가. 아, 좁은 길이다. 좁은 길, 그럼에도, 수많은 진정한 제자들은 아주 적은 규모더라도in smaller scale 이 길을 통과해야 한다.

누구든지 자신의 어떤 능력을 확인하는 것은 큰 기쁨이다. "부르심을 받은 자"[67]는 처음부터 발휘할 능력을 가지고 있었다. 솔직히 그에게 허락된 능력을 발휘하는 것, 그로 인해 그는 어린아이같이 기뻐했고 감사했다. 그는 어린아이같이 더 많은 능력을 달라고 간구했을 것이다. 그렇지만 겸손하게 간구했을 것이고, 그 많은 능력을 그에게 허락했다. 게다가 더 많은 것을 간구했고 또한 그 모든 것을 부여받았다. 마침내 모든 능력을 그가 가졌을 때 그가 말한다.

"이제 됐습니다. 더 이상 요구할 것이 없습니다."

그러나 한 목소리가 그에게 말하는 듯하다.

"오, 친구여, 이것은 그대에게 허락한 작은 것에 불과하다."

바로 그때 그는 얼굴이 창백해진다. 부르심을 받는 자, 그는 쓰러지면서 말한다.

"오, 하나님, 이제야 깨달았습니다. 내 운명은 이미 정해졌군요. 고난당하고 희생해야 하는 삶. 이미 그것을 알게 하시는군요."

얼마나 좁은 길인가! 맞다, 이 길은 처음부터 좁았다. 그분이 하시는 사역이 자기자신에게 불리하게 작용할 것을, 그분은 "처음부터" 알고 있었으니까.

당신이 당신의 길을 가도록 모든 능력을 활용하게 되었을 때 당신의 외부에 반대 세력이 있을 때 그 길은 확실히 좁은 길이다. 그러나

---

67 이 부분은 주님을 따르고자 하는 "제자"를 의미한다.

당신의 능력이 당신자신에게 불리하게 작용하도록, 파멸에 이르도록 활용할 때 그 길은 무한히 좁아 그 길은 좁다는 말조차 할 수 없을 것이다. 그 길은 전혀 통과할 수 없고, 막혀 있어서 불가능하다. 제정신이 아니다! 그러나 이 길이 그리스도의 길이라고 주장한다면, 바로 그 길이 옳다.

이 길이 정확히 좁은 방식이다. 그분이 그토록 원했던 진실한 것, 선한 것을 포기하지 않는다면, 그분이 온 힘을 다해 이를 위해 일했고, 그분 스스로 어떤 파멸을 향해 일하고 있었던 것이다. 반면에, 그분이 진리 전부를 지나치게 서둘러 전했다면, 그분의 파멸은 훨씬 더 빨라졌을 것이다. 마침내 그분은 자신을 거절하면서 일했고, 더 철저한 파멸을 보장하기 위해 얼마간 죽은 듯한 착각 속에 있어야 했다.

얼마나 좁은 길인가! 이 길로 걷는다는 것은 처음부터 즉시 죽은 것이나 다름없다! 전능하게 능력을 발휘하는 것, 말하자면 전지전능한 인간이 되는 것, 이로 인해 인간의 모든 고통을 대신 당하는 능력을 가진 것, 그때 자신을 거역하면서 일하려고 전능자로서 능력을 활용해야 하는 것, 처음부터 이것을 아는 것. 오, 처음부터 얼마나 좁은 길인가!

이 길이 그리스도의 길이며 이처럼 좁은 길이다. 이 길을 계속 가다 보면 마지막까지, 죽음에 이르기까지 점점 더 좁아진다.

이 길은 점점 더 좁아진다. 이 길은 조금도 넓어지지 않는다. 점점 더 넓어지는 길은 "그리스도는 길이다"라는 의미에서 그 길이 아니다. 그 길은 인간의 지혜와 상식으로서 걷는 길이다. 한 사람이 다른 사람보다 더 많은 지혜와 상식을 가질 수 있다. 한 사람이 다른 사람보다 더 많이 모험할 수 있고 더 많이 견딜 수 있다. 그러나 인간의 지혜와 상식이 의지하는 한 가지가 있다. 오랜 시간이든 짧은 시간이든 고난을 참고 고군분투했을 때 그 길은 점점 더 넓어지고 쉬워져서 마침내 살아 생전에 승리한다는 확신이다.

반면 끝까지 점점 더 좁아지는 길, 지혜*Klogskab*와 상식은 결코 이 길을 따라 걸을 수 없다. "이 길은 광기madness, *Galskab*다."[68] 광기이든 지혜이든 간에 좁은 길은 점점 더 좁아진다.

탄식

"내가 불을 땅에 던지러 왔노니, 이 불이 이미 붙었으면 내가 무엇을 원하겠는가!"(눅12:49)

이것은 한숨sigh이다. 이 길은 좁다. 그래서 한숨을 쉰다. 한숨이란 무엇인가? 한숨이란 내면에 무엇이 갇혀 있다는 의미이다. 밖으로 나

---

68 이 부분에 대하여는 다음을 참고하라. Søren Kierkegaard, 『그리스도교 훈련』 임춘갑 역 (서울: 다산글방, 2005), 35-110. "수고하고 무거운 짐 진 자들아 다 내게로 오라. 내가 너희를 쉬게 하리라."(마11:28) 이 말씀을 하신 그리스도는 스스로는 마치 거지처럼 아무것도 가지고 다니지 않으셨다. 쉼이 필요한 자가 마치 그리스도인 것처럼 말이다. 이것은 인간의 지혜와 상식에게는 실족이다.

와야 하는 무엇이 나올 수도 없고 나오지 말아야 한다. 그렇지만 숨을 내쉬고 싶은 무엇이 존재한다. 사람은 한숨을 쉰다. 사람이 죽지 않기 위해 거칠게 숨을 내쉬듯이 (죽지 않기 위해) 그런 마음의 부담을 덜어내려는 것이다.

"내가 불을 땅에 던지러 왔노니, 이 불이 이미 붙었으면 내가 무엇을 원하겠는가!"

내가 어떻게 이 고난을 서술하겠는가. 그러나 시도하려고 한다. 일단 이 시도를 접고 먼저 그리스도의 고난을 서술해야 한다는 것과 비교한다면 시도하려는 것은 아무것도 아니라고 말해야 한다.

배를 상상해 보라. 당신이 본 실제의 배들보다 어마어마하게 큰 배를 상상하라. 단지 무언가를 말하기 위해 이 배에 10만 명 정도 탈 만한 큰 배라고 상상해 보라. 전쟁 시기였고 전투는 계속되고 있었다. 이 싸움의 목표는 이 배를 폭파시키는 것이다. 이 배에 불을 당겨야 하는 사령관을 상상해 보라.

그러나 이것은 보잘것없고 엉성한 예문이다. 어찌 10만 명과 인류를 비교하며, 어찌 이 모든 사람들을 날려버리는 것과 그리스도께서 당겨야 하는 불의 공포를 비교하겠는가. 그분이 불을 당긴다면 아버지와 아들이, 아들이 아버지와, 어머니가 딸과, 딸과 어머니가, 시어머니가 며느리와, 며느리와 시어머니가 분쟁할 것이다.(눅 12:53)여기에서 위험은 죽음의 위험이 아니라, 영원한 구원을 상실하는 위험이다.

"내가 불을 땅에 던지러 왔노니, 이 불이 이미 붙었으면 내가 무엇을 원하겠는가!"

그러나 그 순간은 아직 오지 않았다. 사람이 "오, 이 일이 일어났으면 얼마나 좋았겠는가?"라고 한숨 쉴 때 이 앞에 있는 순간이 끔찍하겠지만, 그 끔찍한 순간은 아직 오지 않았다.

"믿음이 없고 패역한 세대여, 내가 얼마나 너희와 함께 있으며, 얼마나 너희에게 참겠는가?"(마 17:17)

이것은 한숨이다. 임종 직전의 환자 같다. 그는 병상에 치료 중인 것이 아니라 임종 직전에 있다. 가벼운 질병이 아니라 이미 치료를 포기한 상태였다. 그는 간신히 베개에서 고개를 들면서 묻는다.

"지금 몇 시인가요?"

죽는다는 것은 확실하다. 질문은 바로 그 시간을 향해 있다. 그때까지 얼마나 참아야 하는가? 지금 몇 시인가? 그러나 아직 그 순간은 오지 않았다. 고난당하는 자는 "내가 얼마나 더 이 상태로 참아야 하는가?"라며 한숨을 내쉬는 순간 역시 끔찍하겠지만, 그 끔찍한 순간은 아직 오지 않았다.

그 마지막을 앞두고 그분은 제자들과 함께 하고자 한다. 그분은 죽기 전에 최후의 만찬 자리에서 제자들과 함께 식사하기를 얼마나 갈망했는지 모른다.[69](눅 22:15) 그분은 언제나 그랬듯이 어떠한 변명도 하

---

69 다음을 참고하라. Søren Kierkegaard, *Christian Discourses* trans. Howard V. Hong and Edna H. Hong (Princeton University Press, 1997), 261-61. 『예수께서 잡히시던 밤에』 표재명 역 (서울: 프리칭 아카데미, 2005), 9-28.

지 않으셨다defenseless. 아무런 변명도. 그래, 그분은 얼마든지 충분히 자기변호를 할 만했으니까. 그분은 할 수 있었다. 이것이 인간들이 무한히 존경하게 하는 그분의 온화함mildness, Mildhed이다. 그분은 유다[70]에게 이렇게 말할 수도 있었으리라.

"저리 가! 제발 이 만찬에 오지 마! 너를 보는 것만으로도 너무 고통스럽구나."

혹은 그분은 유다에 대해 아는 바를 아무것도 말하지 않고, 제자들 중에 한 명에게 유다를 오지 못하게 해달라고 부탁할 수도 있었다. 그러나 아니다. 그들은 모두 한자리에 모였다. 그때 그분은 유다에게 말한다.

"네가 하려는 일을 속히 하라."(요 13:27)

이것은 한숨이었다. 그저 속히 하라! 세상에서 가장 두려운 것도 이만큼 두렵지 않다. 부디 속히 하라! 깊이 천천히 내쉬는 한숨이었다. 부디 속히 하라! 이때는 마치 누군가 거대한 사명을 수행할 순간인 듯하다. 어떤 노력이 그분의 능력을 초월할지라도, 그분은 다음 순간을 위해 남아 있는 안간힘을 다한 것처럼 느껴진다.

"한 순간만 늦어져도 나는 너무 약해질 수 있다. 그땐 내가myself 아닐 수 있다. 그러니 부디 속히 하라! 네가 하려는 일을 속히 하라."

---

70 가룟 유다이다. 예수의 열두 제자 중에 한 사람. 예수를 팔고 배신한 자이다. 마태복음 26:14-16, 48-50을 참고하라.

그리고 그분은 만찬 자리에서 벗어나 겟세마네 동산으로 향한다.[71] 그곳에서 그는 기진하여 쓰러진다.[72] 오, 이 일이 속히 일어나면 얼마나 좋을까! 그는 마치 죽은듯이dødsens 쓰러진다. 그는 정말 겟세마네 동산보다 십자가에서 죽어가야Døende 했을까! 십자가에서의 고난이 죽음과의 싸움이라면, 기도와의 싸움[73]은 삶을 위한 싸움이었고, 피를 흘리지 않은 것도 아니다. 그분의 땀이 핏방울이 되어 땅에 떨어졌으니까.(눅 22:44) 그분은 다시 한 번 힘을 내어 그 자리에서 일어난다.[74]

하늘의 계신 아버지, 당신의 뜻이 이루어지소서!

그분은 유다에게 입을 맞춘다.

당신은 이 같은 이야기를 들어본 적이 있는가! 그때 그는 체포당하고, 고소당하고, 유죄판결을 받는다! 이 모든 것은 합법적이었다. 인간의 정의human justice였다!

거기에는 그분이 선의를 베푼 사람들이 있었다. 그분은 정말 자신을 위해 계획한 것은 아무것도 없었고, 그분의 삶과 모든 생각은 허구한 날 그들을 위해 희생했다.

그러나 그들이 외친다.

---

71 복음의 설명에 의하면, 예수께서 최후의 만찬 후에 감람산에 있는 겟세마네로 향한다. 마태복음 26:30, 36 참조.

72 이하 마태복음 26:26-46을 참고하라. 예수께서 겟세마네에 베드로와 세베대의 두 아들을 데리고 갔고 고민하고 슬퍼하면서 말씀하신다. "내 마음이 심히 고민하여 죽게 되었다."(38절)

73 이것은 겟세마네 동산의 세 번의 기도를 의미한다. "내 아버지여 만일 할 만하시거든 이 잔을 내게서 지나가게 하옵소서. 그러나 나의 원대로 마시옵고 아버지의 원대로 하옵소서."(39, 42, 44절)

74 이는 기도하는 중에 천사가 그리스도를 강하게 했을 것이라는 것을 암시한다.(눅 22:43)

"그를 십자가에 못 박으라! 그를 십자가에 못 박으라!"(눅 23:21)

그 땅에는 황제를 두려워하는 지배자가 있었다. 그 지배자는 교양 있는 사람이어서 가장 중요한 문제인 "손 씻는 의식"[75](마 27:24)을 게을리하지 않았다. 그래서 그분은 유죄판결을 받는다! 오, 인간의 정의여!

그래, 날씨가 화창하던 날, 모든 일들이 순조롭게 진행되었고, 일종의 어리석은 정의는 실현되었다. 그러나 상황이 특별해질extraordinary 때마다 오, 인간의 정의여! 오, 인간의 문화여, 너는 내가 가장 증오하는 것, 즉 문화의 부족, 군중의 야비함vulgarity, raahed과는 얼마나 다른가? 너는 군중이 저지른 것과 같은 일을 하면서, 좋은 방법만 준수하고 씻지 않는 손으로 하지 않는다는 점이 다를 뿐이다. 오, 인간의 문화여! 그분은 십자가에 못박힌다. 한 번 더 한숨을 내쉬었고 끝나버린다. 한 번 더 내쉰 한숨, 가장 깊고, 가장 끔찍한 한숨!

"나의 하나님, 나의 하나님, 어찌하여 나를 버리셨나이까?"(마 27: 46, 막 15:34)

이 굴욕은 고난의 최후이다.[76]그분의 제자들followers 중에서, 가장 엄

---

75 빌라도는 범죄와 무관하다는 표시로 손을 씻었다.
76 이하의 구절은 다음을 참고하라.
　　나의 하나님, 나의 하나님, 어찌하여 나를 버리셨나이까?
　　아마 모든 순교자들이 최소한의 방법으로라도 동일한 것을 경험하는 것이 아니다. (『자기 시험을 위하여』에서 있는 그대로, 나는 너무 성급하게 이것을 이론으로 만들었다.)
　　여기에서 요점은 사람 되신 하나님(God-man)과 진리의 증인 사이에 이런 차이가 있다는 것이다. 즉, 이 사람 되신 하나님은 무조건적으로, 자발적으로, 고난당하기를 시작했다는 것이다. 따라서 이 마지막, 가

밀한 의미에서 피의 증인들blood-witness[77] 중에서 당신은 이 같은 경험에
대한 미약한 암시가 있었다는 것을 발견한다. 그들은 하나님을 의지
했고, 하나님의 도움을 의지했다. 그들은 모든 사람에게 버림받을지
라도 충분히 강했고, 하나님의 도움을 받았기 때문에 강하다고 느꼈
다. 이런 일은 놀라운 일도 아니었다. 최후의 순간은 다가왔고 "하나
님이 나를 버리셨다!"는 이 한숨만 피하려고 한다.

"그래, 나의 원수들이여, 네가 옳았다. 이제 기뻐하라. 내가 말했던
모든 것은 사실이 아니었고 착각일 뿐이다. 모든 것은 명백해졌구나.
하나님은 나와 함께 하지 않는다. 하나님은 나를 버리고 말았구나."

맙소사! 그분이, 그분 자신이 하나님 아버지의 단 하나의 아들이라
고 말하지 않았던가!(요 1:14) 아버지와 자신은 하나라고 말하지 않았
던가!(요 10:30) 하나였다면, 어떻게 한 순간이라도 아버지가 아들을 버
린단 말인가? 그럼에도 불구하고 그분이 말한다.

"나의 하나님, 나의 하나님, 어찌하여 나를 버리셨나이까?"

따라서 그분이 아버지와 하나라는 것은 사실이 아니다. 오, 가장 극
단적이고 초월적인 고난이여! 오, 인간의 마음은 조금 더 빨리 터져버
렸을 텐데. 오직 사람인 하나님God-man만이 이 최후의 고난을 통해 모

장 두려운 고난을.
진리의 증인은 전체가 더 낮은 질적 특성을 지닌다. 그가 아무리 원한다 해도, 하나님은 많은 다양한 방법
으로 그를 제한해야만 한다. 따라서 그는 이 고난에서 제외된다. -JP IV 4890 (Pap. X¹¹ A 115) n.d., 1854
77 순교자들을 의미한다.

든 고초를 겪었다. 그분은 죽는다.

승천

독자여, 처음에 이야기했던 것이 기억나는가? 이 길은 좁다. 맞지 않는가? 그렇지만 더 앞으로 가보자. 그리고 그리스도는 길이시다. 그리스도는 길이시다! 그분은 산으로 올라간다. 그분을 구름이 가리어 제자들의 시야에서 사라지셨고 하늘로 승천하셨다.(행 1:9-11) 아마 당신은 이렇게 말할 것이다.

"그래, 당신은 오늘 성 금요일Good Friday[78]에 대해 말하고 싶었군."

오, 친구여, 당신은 달력의 날짜에 따라 정확하게 시계가 종을 치면 분위기에 빠져드는 그런 인간인가? 아니면, 당신은 그렇게 되어야 하는 것을 기독교 교리라고 생각하는가? 아니면, 오히려 가급적이면 기독교의 다양한 요소들을 결합시켜야 한다고 생각하는가?

이 승천일Ascension Day은 끝끝내 그분의 좁은 길이었다는 것을 기념하는 날이어야 한다. 그렇지 않으면, 승천일을 망령되게 말할지 모른다. 기억하라. 이 길은 끝까지 좁다는 것을! 죽음 후에 승천이 따라온

---

[78] 그리스도의 십자가 수난일이다. 그리스도가 예루살렘에 입성한 주간의 금요일이며, 부활절 직전의 금요일이다.

다. 승천이란, 그분이 하늘로 승천하는 길 중간 지점에 있다는 말이 아니다. 승천은 길 끝에 있는 것도 아니다. 이 길은 십자가 위에 그리고 무덤 속에서[79] 끝나기 때문이다.

승천은 앞서 말한 좁은 길의 연속성상에 있는 것은 아니다. 세상에서 점점 더 쉬워지는 좁은 길은 그렇게 높이 오를 수 없다. 모든 길에는 가장 높이 솟아올라 승리한다고 해도, 그 길이 승천할 만큼 높이 솟아오르는 길은 없다. 진실로 살아 있는 사람 모두 올바른 길 위에 있고 잘못된 길에 서지 않는다면, 그분은 좁은 길 위에 있다.

그러므로 틀림없이 승천 이야기는 존재해야 한다. 승천에 이르는 길 그리스도 이야기는 반드시 있어야 한다. 아, 그러나 승천의 문제는, 이 지점에 도달하자마자 끝나버린다. 엄밀히 승천을 생각하는 것만 바라면서 이 지점에 도달하지 못한다. 당신 역시 아무리 그분의 승천을 믿고 높이 고양되었을지라도 말이다.

그는 하늘로 승천하셨다. 누구도 이같이 승리한 적은 없다! 구름이 그분을 가리어 제자들의 시야에서 사라지셨다. 어떤 승리자도 이 같이 이 땅에서 높이 오르지 못했다! 그들은 더 이상 그분을 보지 못했다. 누구도 최후에 이런 승리를 한 적이 없었다!

그분은 권능의 우편에 앉으신다.(마 26:64) 결과적으로 그분의 승리는 승천으로 끝나는가? 아니, 그분의 승리는 승천에서 시작한다. 누

---

79   마태복음 27:57-61을 참고하라.

구도 이 같은 방식으로 승리한 적은 없다! 그분은 천사의 무리와 함께 다시 오실 것이다.[80] 그분의 승리는 전능자의 우편에 앉는 것으로 끝나는가?[81] 아니다, 시작의 끝에 불과하다.[82] 오, 영원한 승리자여!

본받음

독자여, 당신은 세상에서 어떤 길을 걷고 있는가? 내가 나 자신에게 말했던 것을 기억하라. 나의 길은 그리스도의 길이라고 할 만큼 좁은 길이 아니다. 뿐만 아니라 나의 길을 천국으로 인도하지도 않으리라.[83]

어떤 경건한 사람이 말했다.

"천국에 들어가는 것만큼이나 지옥에 가는 것도 그만큼 고생을 하거나 심지어 훨씬 더 많은 고생을 한다."[84]

따라서 멸망의 길도 좁은 길이다.[85] 그러나 그리스도의 길은 결코 그런 길이 아니다. 그 길은 천국으로 인도하지 않는다. 그 길 위에는

---

80 마태복음 16:27; 25:31, 데살로니가 후서 1:7을 참고하라.

81 이 부분은 "전능하신 하나님 우편에 앉아 계시다가"인 사도신경을 언급하고 있다.

82 시작을 시작의 처음과 끝으로 나눈다면, 시작의 처음은 승천이고 시작의 끝은 전능자의 우편에 앉는 것이다. 그리스도의 사역은 전능자의 우편에 앉는 것으로 사역이 끝나는 것이 아니라, 우편에 앉는 순간 제자들을 그분께로 이끄는 사역은 시작된다.(역자 주)

83 (*Pap.* X⁶ B 3 *n.d.*, 1851)에 보면, "나의 길은 승천으로 끝나는 길도 아니다."가 추가되었다.

84 다음을 참고하라. (*Pap.* X⁶ B 3 *n.d.*, 1851). 어떤 경건한 사람은 지옥으로 가는 길도 (개발되기에) 더 좁다고 말했다. 일반적인 인간의 고통도 가장 엄밀한 의미에서 그리스도가 길이라는 저 좁은 길이 아니다.

85 다음을 참고하라. 마태복음 7:13, *Point of View*, *KW* XXII (SV XIII 567).

불안과 염려와 고통만 존재한다. 그 길은 그 정도로 좁아 멸망으로 인
도한다. 그 길은 지금까지 논의한 그런 모든 좁은 길(처음에는 좁았다
가 점점 더 쉬워지는 길과 점점 더 좁아지는 좁은 길)과도 다르다.

이 멸망으로 가는 길은 처음에는 너무 쉽다가 점점 더 두려워진다
는 인식이 가능하다. 욕망의 가벼운 춤을 추는 일은 쉬우니까. 그러나
춤이 지속되면서 사람의 의지에 반항하며 춤을 추는 일이 욕망일 때
무거운 춤이다! 열정이 제멋대로 날뛰며 조금 더 대담하게 속도를 낼
때까지 열정passions이 자유롭게 방치하는 것은 너무 쉽다. 이 대담한
속도여, 누구도 눈으로 이 속도를 따라잡기 힘들다! 인간은 열정이 자
신을 데리고 어디로 가는지 볼 수 있을 만큼 대담하지 않다!

죄의식sinful thought이 마음에 몰래 들어오는 것은 너무 쉽다. 어떤 유
혹자도 죄의식만큼 재주를 부리지 못한다! 이것은 아주 쉽다. 첫 단
계부터 비용이 발생하지 않기 때문이다. 아니, 무슨 짓을 해도 아무런
비용도 들지 않는다. 반면에 죄의식은 자기자신에게 막대한 비용을
지불하게 되어 있다. 첫 단계에 아무 비용이 들지 않는 일이라도 최후
의 순간에 막대한 비용을 지불하지만 죄의식은 어떤 비용도 들지 않
는다. 죄의식이 마음에 들어온다면 두려움을 값으로 요구할 테니까.

일반적으로 죄는 아첨하는 자 안으로 들어오고, 인간이 죄의 노예
일 때 가장 끔직한 노예 상태가 된다.(요 8:34) 이는 좁은 길, 멸망으로
가는 최악의 좁은 길이다! 게다가 그리스도의 길이라고 무조건적으
로 말할 수 없거나 그 길이 결코 천국으로 인도한다고 할 수 없는 좁

은 길들이 있다. 거기에는 반드시 인간의 고통이 있다. 그들 중에 몇 가지 언급하자면, 질병, 가난, 오해 같은 것이다. 누가 이 고통에 이름을 붙이겠는가! 그런 길을 따라 걷는 자마다 좁은 길을 걷는 것이다. 정말 이런 고통이 아무것도 아닌 듯이 거만하게 말하지 말라.

아, 친구여, 당신은 기독교가 무엇인지 확실히 알고 있다. 나에게 기독교를 생각나게 해보라. 기독교의 좁은 길과 인간적인 좁은 길이 구별되는 지점은 자발성*the voluntary, Frivillige*에 있다. 그리스도는 지상의 소유물을 탐하지 않았으며 가난한 삶을 자족했다. 아니, 그는 가난proverty을 선택했다. 그분은 인간적인 명예와 명성을 갈망했던 자가 아니라, 비천한 삶에 만족했고 인정받지 못했으며 중상모략을 당했다. 아니, 그분은 굴욕abasement을 선택했다. 가장 엄밀한 의미에서 이것이 좁은 길이다.

일반적으로 인간의 좁은 길은 엄밀한 의미에서 좁은 길이 아니다. 그 길이 정말 좁다고 해도 기독교적으로 고통의 길, 좁은 길을 걸으려고 노력한다고 해도 마찬가지이다. 기독교적으로 아무리 좁은 길이라고 해도, 그 길은 그분이 가신 곳, 승천하신 그리스도께서 계신 천국으로 인도하지 않는다.

그래, 사람들이 승천을 의심했다는 것은 사실이다. 그래, 누가 의심했단 말인가? "본받음제자도, efterfølgelsen"의 흔적이 있는 사람 중에서 누가 의심하였는가? 나는 궁금하다. 그리스도를 따르기*følge efter* 위해 모든 것을 버린 사람들 주에 누가 의심했단 말인가?(마 19:27) 나는 궁금하다. 핍박*Forfølgelse*의 흔적을 가진 자 중에서 누가 의심했단 말인가? 나는 궁금하다. 아니, 그들 중에 누구도 의심하지 않겠다. 본받음이 있는 곳에는 핍박이 따른다.

그러나 "본받음"이 없을 때 더 이상 핍박할 게 없을 때 인간들 사이에서 말하는 도둑들에게는 은어처럼 부정한 시대의 기독교 변절 defection로 들리지 않는다. 맙소사! 얼마나 은혜로운가! 아니, 이것은 관대하게 발전된 시대의 비교할 수 없는 진보를 찬사하는 것처럼 들린다. 그들이 그리스도인이 된다는 것이 무슨 의미인지, 그 의미를 지속적으로 축소시켜 실제로 아무것도 아닌듯이 바꾸면(핍박할 일도 없다), 게으름과 자기만족에 빠져 있는 동안 온갖 의심이 나타난다. 그리고 의심과 누가 의심하는지는 중요한 문제가 된다.

사람들은 의심하면서 거드름을 피운다. 옛날에는 재산을 가난한 사람에게 나누어 줌으로써 거드름을 피운 사람처럼[86](이것을 찬성하는 것이 아니라 더 잘 이해하려는 것) 사람들은 의심하면서 거드름을 피운다. (이것은 그들이 경건한 마음으로 그토록 혐오했던 중세시대의 오해 대신 "공로merit, *fortjenstfuldhed*"[87]의 진정한 개념을 세우기 위한 것이다.) 사람들은 의심하는 반면, 모든 의심을 초월한 한 가지는 확

---

86 중세시대에 수도원 운동의 이상(ideal)을 암시하고 있다.
87 루터의 교리에 따르면, 사람의 행위로 구원을 얻을 수 있다는 공로에 대한 잘못된 믿음을 표현하고 있다. 여기에는 자발적 가난, 금욕, 금식과 같은 것들도 포함된다. 1530년의 아우크스부르크 신앙고백(Augsburg Confession)을 참조하라.

고했다. 다시 말해 이런 도움("사람은 모든 것을 의심해야 한다"[88])으로 자기자신은 결코 의심받는 존재이지 않다는 것이고, 사회에서 확실하게 자신의 지위를 굳힐 수 있었다. 뿐만 아니라 사람들 사이에서 큰 명성과 영광도 보장받았다.[89]

그래서 어떤 사람들은 의심하였다. 그때 충분한 근거들reasons, Grunde을 갖고 의심을 거부하는 자들이 있었다. 사실 그 관계는 이렇다. 무엇보다 그들은 어떤 근거로 기독교의 진리를 증명하려고 애썼다. 혹은 기독교를 지지하기 위해 근거를 확보하려고 애썼다. 이런 근거는 의심을 더 키웠고 의심은 더 강해졌다. 기독교의 입증은 "본받음제자도, efterfølgelsen"에 있기 때문이다. 그러나 그들은 이것을 간과해버렸다.

근거를 가지고 의심을 없애려는 자들은 "근거들"이 필요하다. 그러나 이런 근거들 혹은 근거들이 존재한다는 사실은 일종의 의심이고, 의심은 계속 일어나고 근거들을 먹고 살아간다. 그들은 근거를 더 자주 제시할수록 의심을 더 키우는 일이며, 의심을 더 강하게 만든다는 것을 미처 몰랐다. 의심을 없애려고 의심에게 근거를 제시하는 것은 마치 사라지길 바라는 굶주린 괴물에게 가장 맛있는 음식을 제공하

---

88 이것은 Johannes Climacus, or *De Omnibus Dubitandum Est*이다. 키에르케고어의 초기의 출판되지 않은 철학 작품이다. 데카르트는 "나는 생각한다. 고로 나는 존재한다"라는 명제 아래에 모든 것을 의심했던 철학자이다. 여기에는 일종의 비판을 담고 있는 있는데, 데카르트를 향한다기 보다는 이 명언을 맹목적으로 찬양하고 있는 자들을 향하고 있다.

89 아마 이 부분은 신학자이자 목사였던 Martensen을 언급하는 것처럼 보인다. 그는 헤겔 철학을 기독교 접목하려 했던 사람이었다. 그는 1837과 1838년 겨울학기에 "사변 교리에 대한 소개(Introduction to Speculative Dogma)"라는 강의를 개설했었고, 키에르케고어는 이 강의를 들었다.

는 것 같다는 것을 알지 못했다. 아니, 의심에게 어떤 근거도 제공하지 말아야 한다. 적어도 의심을 없애려면 말이다.

루터가 했던 것처럼 해야 한다. 의심에게 그 입을 닥치라고 명령하라. 그리고 같은 목적으로 침묵하라. 어떤 근거도 제공하지 말라.[90] 반면에 삶에 "본받음"의 흔적이 있는 사람들은 승천을 의심하지 않는다. 왜 그러한가? 무엇보다 그들의 삶은 믿음으로 충만하고, 매일 고난으로 너무 많이 희생했기에 게으르게 앉아서 근거들과 의심들을 다룰 수 없었을 뿐더러 사소한evens or odds 게임조차 할 시간이 없었다. 그들에게 승천은 확고한 사실이고, 삶이 그만큼 힘들고 좁은 길이기에 승천에 대해 다시 생각할 필요도 없었고, 심사숙고할 필요도 없었다.

이것은 마치 훌륭한 예복을 갖고 있는 군인 같다. 그가 예복을 갖고 있었다는 것을 알지만 그 예복을 입을 것을 볼 수 없었다. 그의 생애는 매일 전투와 위험 속에 지내야 했기 때문이다. 그가 전투하려면 군복을 입어야 했다. 마찬가지로, 그들의 삶에 본받음의 흔적을 지닌 자들은 그들의 주님이자 주인Lord and Master이 천국으로 승천하셨다는 사실을 확신한다. 이 확신 역시 "본받음"이다. 그들이 매일 겪는 힘겨운 고난, 사람들의 반대, 비난과 조롱과 비웃음과 피비린내 나는 잔인

---

90 루터의 설교를 참고하라. Luther, *Sermons on the Gospel of St. John*, 6:41-43; *Dr. Martin Luthers Sämmtliche Schriften*, I-XXIV, ed. Johann Georg Walch (Halle: 1739-53), VII, p. 2022; *Luther's Works*, I-LV, ed. Jaroslav Pelikan and Helmut T. Lehmann (Philadelphia: Fortress; St. Louis: Concordia, 1958-75), XXIII, P. 84.

함, "본받는 자들"을 고통스럽게 하는 이 모든 것은 어떤 필요를 자극한다. 즉, 승천이 자연법칙natural law을 파괴하고 무시하는 것처럼(물론 의심스러워 한다.[91]) 위로에 대한 근거들을 파괴하려고만 한다. (선을 행하려고 고난당하는 자들을 세상 사람들이 어떻게 위로하겠는가!)

그들은 다른 위로가 필요*trænger til*하다. 주님이자 주인의 승천이 필요하다. 그리하여 그들은 승천을 향해 진군한다*trænger igjennem*. 승천은 항상 인간의 필요와 함께 한다. "먹는 자에게서 먹는 것이 나온다." (삿14:14) 필요가 있는 곳의 필요를 말하자면, 필요가 필요한 것을 생산한다.

본받는 자들은 정말 삶을 견디기 위해서라도 승천이 필요하다. 그러므로 승천은 확실하다. 게으르게 앉아서 "행운의 날"을 즐기는 사람, 아침부터 저녁까지 분주하게 일하는 사람, 그러나 결코 진리를 위해 어떤 고난도 당하지 않은 사람, 그런 사람은 실제로 어떤 것도 필요하지 않다. 그의 필요는 오히려 그가 상상하는 다른 무엇이다. 혹은 그가 돈을 위해 설득당한 무엇이다. 그는 호기심으로 승천에 관심있다고 할 수 있다. 그래서 그는 의심한다. 그는 어떤 필요도 없으니까. 혹은 그는 어떤 근거들을 만들어 낸다. 혹은 누군가 그에게 세 개 정

---

91 이것은 승천에 대한 합리주의자들의 반대일 것이다. 합리주의자들의 신학은 모든 종교적인 믿음이 합리적으로 정당화되어야 한다는 관점을 갖고 있다. 따라서 그들은 인간적이고 합리적인 이해를 초월하는 믿음을 반대한다. 그들은 기독교의 계시를 성서적 이야기나 종교적인 교리로 해석하려고 하기 때문에 이성과 경험의 충돌 같은 것은 없으며 따라서 자연법칙에 위배되지도 않는다.

도 근거를 친절하게 건네줄 것이다. 저런 사람의 필요는 결코 위대할 수 없다!

독자여, 당신은 어떠한가? 당신은 승천을 의심했는가? 그렇다면 내가 했던 대로 하라. 당신 자신에게 말하라.

"그런 종류의 의심에 대하여 야단법석을 떠는 것은 아무런 의미가 없다. 그런 의심의 본성과 근원을 잘 알고 있다. 다시 말해, 나는 본받음과 관련하여 응석받이였을 뿐이다. 나의 삶은 그 방향으로 가지도 못했다. 너무 쉬운 삶을 살았고, 진리의 증인이 되고 비진리에 저항하는 위험 부담은 회피한 게 사실이다."

이것을 하라! 무엇보다 의심하면서 거드름을 피우지 말라. 나는 거기에는 어떤 바탕도 없다고 확신한다. 그런 의심은 실제로 자기 배신self-betrayal이니까. 아니, 당신 자신에게 하나님께 고백하라. 둘 중에 하나는 일어날 것이다.

당신이 "본받음"의 방향으로 더 모험하도록 동기부여를 받든가. 승천에 대한 확신이 순간 찾아오든가 할 것이다. 아니면, 당신은 더욱 겸손해져서 응석받이였음을 고백한다. 얼뜨기 설교자였다고 고백한다. 적어도 당신은 자신을 의심하려고 하지 않는다. 그리고 겸손하게 말할 것이다.

"하나님이 본받음의 고난에서 나를 제외시키지 않으시고 나를 인정할 만큼 은혜로우신 분이라면, 나는 승천을 의심하는 거만한 아이가 되지 않을 것이다."

오, 당신은 존경을 받으며, 우쭐대며, 찬사를 받으며, 풍요롭게 살아갈 때 많은 것들을 말하고 많은 곳에 참여하려는 유혹을 받는다. 그러나 당신은 홀로 남아 있는 편이 더 낫다. 기억하라! 당신은 언젠가 심문을 받는다.(마 12:36) 승천은 당신의 마음에서 너무나 쉽게 슬그머니 빠져나갔기 때문이다. 이것을 생각하면, 당신은 의심하면서 말할 수 있다.

"승천, 이것은 자연법칙을 거스르는 일이야. 자연의 영spirit in nature[92]도 거스르는 일이라구. 자연의 영뿐인가!"

승천이 선한 목적을 위해 존재하며, 그렇지 않다면 무가치하다. 이 경우 환경 역시 인간적인 개념을 거스른다. 즉, 선을 행하기에, 옳은 일을 하기에, 사랑하기에 고난당하는 것이다. 승천이 선한 목적을 위해 존재한다면, 당신이 경멸당하고, 핍박당하고, 조롱당하고, 가난하게 살아갈 때 당신은 그분의 승천을 의심하지 않았다는 것을 알게 된다. 당신은 필요하니까. 의심을 멈추기 위해 이만큼 요구하는 것은 아무것도 없다.

당신은 정말 하나님 앞에서 겸손하다. 엄밀한 의미에서 당신의 삶이 본받음의 흔적을 지니지 않았기 때문이다. 당신은 주제넘게 의심하지 않을 것이다.

---

92 이것은 덴마크의 물리학자 Hans Christian Ørsted의 작품을 암시하고 있다. 다음을 참고하라. Hans Christian Ørsted, *Aanden I Naturen*, I-II (Copenhagen: 1850; ASKB 945[1]); *The Soul in Nature*, tr. Leonora Horner and Joanna B. Horner(London: 1852).

삶에 대해 이렇게 대답할 때 어떻게 당신은 의심하겠는가?

"먼저 엄밀한 의미에서 그리스도를 본받는 자가 되라! 그리스도를 본받는 자만이 이 주제에 대하여 말할 권리를 갖는다. 그들 중에는 어떤 사람도 의심하지 않았다."

03

생명을 주시는 성령

•••

오순절

Søren Aabye Kierkegaard, 1813-1855

사도행전 2:1–12절의 거룩한 복음이다.[93]

1. 오순절 날이 이르매 그들이 다같이 한 곳에 모였더니
2. 홀연히 하늘로부터 급하고 강한 바람같은 소리가 있어 그들이 앉은 온 집에 가득하며
3. 마치 불의 혀처럼 갈라지는 것들이 그들에게 보여 각 사람 위에 하나씩 임하였더니
4. 그들이 다 성령의 충만함을 받고 성령이 말하게 하심을 따라 다른 방언들로 말하기를 시작하니라
5. 그 때에 경건한 유대인들이 천하 각국으로부터 와서 예루살렘에 머물러 있더니
6. 이 소리가 나매 큰 무리가 모여 각각 자기의 방언으로 제자들이 말하는 것을 듣고 소동 하여
7. 다 놀라 신기하게 여겨 이르되 보라 이 말하는 사람들이 다 갈릴리 사람이 아니냐
8. 우리가 우리 각 사람이 난 곳 방언으로 듣게 되는 것이 어찌 됨이냐
9. 우리는 바대인과 메대인과 엘람인과 또 메소보다미아, 유대와 갑바도기아, 본도와 아시아,
10. 브루기아와 밤빌리아, 애굽과 및 구레네에 가까운 리비아 여러 지방에 사는 사람들과 로마로부터 온 나그네 곧 유대인과 유대교에 들어온 사람들과
11. 그레데인과 아라비아인들이라 우리가 다 우리의 각 언어로 하나님의 큰 일을 말함을 듣는도다 하고
12. 다 놀라며 당황하여 서로 이르되 이 어찌 된 일이냐 하며

---

93 1851년에 오순절은 6월 8일이었다.

기 도

오, 생명을 주시는 성령님이여.
당신은 또한 이것을 축복하십니다.
우리가 함께 모이는 것을, 말하는 자와 듣는 자 모두를
당신의 도움으로, 이것이 마음으로부터 새로워집니다.
성령님이여, 또한 마음으로 들어오소서!

03

생명을 주시는 성령

시대정신

경건한 독자여! 당신이 주의를 기울인다면, 거룩한 날에 교회에서 하는 설교가 아니고 매일의 삶에서 또한 주일 교회 밖에서 살아가는 사람들의 이야기에 주의를 기울인다면, 시대정신the spirit of the age, Zeitgeist[94]을 믿지 않는 자는 거의 찾아보지 못할 것이다.

---

94 시대정신이라는 말은 독일의 J.G.헤르더가 1769년에 맨 처음 사용했다고 하며, J.W.괴테도 『파우스트』 속에서 이 말을 썼으며, 시대정신을 역사의 과정과 결부시켜 그것을 개개의 인간정신을 넘어선 보편적 정신세계가 역사 속에서 자기를 전개시켜나가는 각 과정에서 취하는 형태로 본 것이 G.W.F.헤겔이었다. 유물사관의 입장에서 본다면 시대정신은 이데올로기로서 각 시대의 경제적 구조에 의존하게 된다. 그런데 이와 같은 견해는 역사가 진보하고 발전한다는 견지에서 나온 것이기 때문에 시대정신도 또한 발전하는 것으로 보고 있으나, 역사의 진보를 인정하지 않는 입장을 취한다면 시대정신은 각각 그 시대에서 완결된 일회성의 것이 되고, 따라서 인간정신에 관한 일종의 상대주의가 생기게 된다. 19세기 말부터 이런 견해를 가지는 사람이 많다. 또한 실존주의의 선구자인 니체나 키에르케고어는 모두가 당시의 지배적 시대정신에 반항하였으나, 한편 딜타이처럼 보편적인 생(生)의 입장에서 시대정신과 개인정신과의 연관을

평범한 것에서 행복을 느끼면서 고차원적인 것들과 이별한 자, 가
장 오랜 시간 보잘것없는 것에 대한 관심의 노예가 된 자, 심지어 불의
한 이익에 대한 경멸적인 봉사의 노예가 된 자는 시대정신을 확고하
게 믿는다. 그가 믿는 것을 고차원적이지 않다고 말할 것도 없다. 시대
정신은 그 시대보다 더 고차원적이지 않고 땅에 가깝기 때문이다.

이 정신은 늪지대의 안개와 흡사하다. 그는 이 정신을 믿고, 세계정
신the spirit of the world, Weltgeist을 믿는다. 저 강한 정신, 그래, 그것은 일종
의 미끼이다. 저 강력한 정신, 그래, 그것은 일종의 착각이다. 저 기발
한 정신, 그래, 그것은 일종의 기만이다.

기독교는 저 정신을 귀신evil spirit이라고 부른다. 그가 이 정신을 믿
는다면 그렇게 고차원적인 것을 믿는 게 아니다. 그럼에도 불구하
고 이 정신을 믿고 '인간의 정신the human spirit'을 믿는다. 단독자single
individual의 정신을 믿는 것이 아니라 인류의 정신the spirit of the race을 믿
는다. 저 정신은 하나님을 버림으로써 하나님께 버림받은 정신이다.
기독교의 가르침은 결국 저 정신은 귀신이라는 것이다. 따라서 이 정
신을 믿는다면 그렇게 고차원적인 것을 믿는 것이 아니다. 그렇지만
그는 이 정신을 믿는다.[95]

반면에 이것이 성령holy spirit에 관한 것이고, 성령을 믿는다면 당신

밝히려고 한 사람도 있다. [네이버 지식백과] 시대정신 [Zeitgeist, 時代精神] (두산백과) 참조.

95 정신에 대하여는 다음을 참고하라. 『죽음에 이르는 병』 박환덕 역 (서울: 범우사, 2002), 23.

은 얼마나 많은 사람들이 성령을 믿는다고 생각하는가? 혹은 이것이
관계를 끊어야 하는 귀신에 대한 것이라면, 당신은 얼마나 많은 사람
들이 그것을 믿는다고 생각하는가? 어찌 이런 일이 일어나는가? 주제
가 성령인데, 그것이 너무 진지한 탓인가?

　내가 시대정신, 세계정신 같은 것을 말하고, 믿을 수 있으며, 특별
한 것을 생각할 필요가 없으므로 이것은 정신이다. 그렇다고 나는 내
가 말한 것에 매여 있는 것이 아니다. 사람은 자신이 말한 것에 매이
지 않는다는 것을 자랑스러워한다. 사람들이 종종 이렇게 말하는 것
을 듣지 않는가?

　"확실해, 내가 말하는 것 말이야. 그러나 내 말에 매이지는 않아."

　이것이 성령에 대한 것이고, 성령을 믿는다는 것일 때 자기자신이
그 말에 매이지 않고 할 수 없다. 자신이 성령에 매인 바 되지 않고, 귀
신을 포기하지 않으면 불가능하다.

　성령이 계신다는 것, 이것은 진지하다. 오, 진지함이여! 또한 이러
한 진지함을 보장하기 위해 귀신이 존재한다. 이 얼마나 진지한가! 귀
신! 정말 기독교의 시대정신, 세계정신을 믿는 자는 확실히 귀신을 믿
는다. 이는 그의 의견이 아니다. 그래서 그는 어떤 귀신도 존재한다는
것을 믿지 않는다.

　고차원적으로 선과 악의 충돌은 그를 위해 존재하지 않는다. 그가
아무리 나태하더라도 혹은 방탕하다고 해도 그의 믿음을 의심하고
어떤 길이든 정하지 않아도(약1:8), 시대의 온갖 미풍에 휘어져도 믿음

의 대상은 이런 류이다. 엉성한 것, 곧 시대정신이다. 혹은 그의 모든
생각과 열망이 아무리 세속화되었더라도, 그의 믿음의 대상은 바로
이것이다. 세계정신. 그러나 기독교는 귀신의 단절을 요구하고 성령
이 계시다는 것을 가르친다.

> 오늘은 오순절 교회의 성령축제일이다. 처음으로 성령이 사도들에게 임
> 했던 그날을 기념하는 날이다. 오늘 이 성령을 말해야 한다. 성령에 대해
> 이렇게 말해야 한다.
> "생명을 주는 분은 성령이다."(요 6:63)

먼저 죽어야 한다

독자여, 사람들은 기독교를 망령되이 일컫는 것 외에 본질에 대해
아무것도 할 수 없다. 다소 수정moderation하고, 특별히 중간 용어middle
term를 제거한다고 해도 완전히 다르게 할 수 있는 것은 아무것도 없
다. "이것은 사람의 마음으로도 생각할 수 있었다"(고전 2:9)라고 하면
서 무엇이 될 수 있는 기독교적인 정의는 단 하나도 없다. 그러니 기
독교를 망령되이 일컫게 된다.

그렇다고 기독교는 망령되이 일컬어지는 것 외에 특히 경계심과
열정을 가지고 스스로 보호하려고 하지도 않았다. 망령되이 일컬어

지는 기독교의 진리를 보호하기 위해 중간 용어로서 기독교는 "죽음 death, 죽는 것dying to, *at afdøe* [96]"으로 소개되지 않는 단 하나의 정의도 존재하지 않는다.

사람들은 기독교는 부드러운 위로, 위로에 바탕을 둔 부드러운 가르침이라고 한다. 그래, 이것을 부정할 수 없다. 당신이 먼저 죽는다면, 죽어간다면*afdøe*. 그러나 그렇게 부드럽지 않다! 사람들은 그리스도를 제시한다. 그리고 말한다.

"그분의 음성을 들어보십시오. 그분이 왜 사람들을 초대하는지를, 고통당하는 자를 얼마나 애타게 찾는지를. 그들의 영혼을 위해 쉬게 하겠다고 약속하는지를 들어보십시오."(마 11:28-30)

참 옳은 말이다. 하나님은 내가 무언가를 말하는 것을 금하신다. 그렇지만 영혼을 위한 쉼이 당신의 몫이기 전에, 당신의 몫이 되려면, 당신은 먼저 죽어야 하며 죽는 것이 요구된다. (이것은 초대한 그분의 말씀이고, 그분이 이 땅의 모든 삶에서 매일 매시간 표현했다.) 이것이 그렇게 솔깃한가?

기독교의 가르침도 마찬가지이다. 생명을 주시는 분은 성령이시다.

---

96   예를 들어, 로마서 6:10-11을 보라. 다음을 참고하라:

민스터(Mynster)의 설교

그리스도인이 된다는 것은 생사를 건 싸움, 지연된 생사를 건 전투라는 민스터의 설교를 읽는다는 것을 누가 생각할 수 있겠는가? 그리스도인이 되는 것에는 가장 두려운 사건들로 가득 채워져 있다. (그것은 세상에 대하여 죽는 것이며, 죽는 것과 일치하며, 당연히 죽어야 한다.)– *JP* VI 6682 (*Pap.* X³ A 472) *n.d.*, 1850

살아 있다는 것 외에 이토록 밀착된 감정이 있는가? 자기자신 안에 살아 있다는 생명의 맥박보다 더 강렬하게 갈망할 수 있는 게 무엇이 겠는가? 죽음보다 두려운 것이 무엇이겠는가? 그러나 여기에서 생명 을 주는 영이 선포된다. 우리는 이 영을 단단히 붙잡아야 한다. 누가 주저하는가?

우리에게 생명을 주소서. 생명을 더하여 주소서. 그리하여 살아 있다는 감 정이 내 안에 충만하게 하소서. 마치 모든 생명이 나의 가슴 속에 모아진 것처럼 말입니다!

이것이 기독교인가? 이 소름끼치는 오류가? 아니, 아니다! 성령께 서 주시는 이런 생명은 자연적인 수명의 직접적인direct 연장이 아니 다. 이런 자연적인 수명의 연장도 아니고, 즉시 수명이 연장되는 것도 아니다. 이 무슨 신성모독인가. 이런 식으로 기독교를 망령되이 일컫 다니 얼마나 두려운 일인가.

이것은 새로운 생명이다. 맞다, 새로운 생명. 새로운 무언가 내 안 에 요동칠 때마다 이 단어가 이곳저곳 마구 사용되는 그런 진부한 말 이 아니다. 아니, 새로운 생명, 문자 그대로 새 생명이다. 잘 관찰하라! 이 죽는 것과 죽음 이면의 생명 사이에 죽음이 온다. 맞다, 이것은 새 생명이다.

죽음이 그 사이에 온다. 이것이 기독교의 가르침이다. 당신은 죽어

야 한다. 생명을 주시는 영은 당신을 죽이는 분이다. 생명을 주시는
영이 처음으로 말한 것은 당신은 죽음Døden으로 들어가야 하고, 죽어
야afdøe 한다는 것이다.[97] 당신이 기독교를 망령되이 일컫지 않는 길은
바로 이 길이다. 생명을 주시는 영의 초대이다. 이 초대를 누가 기꺼
이 붙들지 않겠는가! 그러나 먼저 죽어야 한다! 이것은 중단halt이다!

생명을 주시는 분은 영Spirit이다.[98] 그래, 생명을 주시는 분은 영이다.
죽음을 통해서. 죽은 자의 상실로 아파하는 유가족을 위로하기 위해
"죽음으로 우리의 삶은 시작됩니다"라고 옛날 찬송가를 노래하듯이
영적으로 이해할 때 생명을 주시는 성령과의 소통은 죽음에서 시작
한다.

이 축제를 생각하라. 오늘 사도들에게 부어주신 분은 생명을 주시
는 성령이었다. 성령은 정말 생명을 주시는 영이다. 이것은 사도들의
삶과 죽음을 통해 입증된다. 또한 교회의 역사가 이를 증언한다. 교회
는 생명을 주는 성령이 사도들에게 전달했기에 생겨났다. 그러나 이

---

97 dø와 afdøe 모두 죽는다는 것을 의미할지라도, 후자는 키에르케고어가 여기에서 사용했듯이 은유적으로
사용될 수 있다. 즉, 여기에서는 자기자신에 대하여 세상에 대하여 죽는 것을 의미한다. 한국어로 번역하
기에는 완전하지 않다.

98 최종 원고에서 삭제된 것을 보면 다음과 같다: 이것은 그리스도의 말씀이다. 그러나 언제 어떤 상황에서
이 말씀을 하셨는가? 겟세마네에서였다. 그가 겟세마네에 있을 때보다 십자가 위에서 더 죽어가는 자였
겠는가! 십자가 위에서의 고난이 죽음의 고투(struggle)였다면, 기도에서의 이 싸움 역시 죽음의 고투였
다. 이 싸움이 피를 흘리는 것이 부족했던 것이 아니다. 땀이 땅에 떨어지니 피 방울처럼 되었으니까. 주
님과 함께 있던 사도들은 버틸 수 없었고, 잠으로 인해 무너지고 말았던 것이다. 주님이 그들에게 생
명을 주는 분은 영이라고 말씀하셨던 것은 바로 그때였다. 그래, 성령은 생명을 주신다. 죽음을 통해서.
–*Pap.* X⁶ B 4:13 *n.d.*, 1851

전에 그들의 상태는 어떠했는가?

아, 세상에 대하여 죽고 자기자신에 대하여 죽는 것이 무엇인지 사도들이 배웠던 방식으로 누가 배워야 하는가. 어떤 의미에서 사도들이 잠시 동안만 그렇게 큰 기대에 사로잡힌 만큼 누가 그처럼 사로잡히는가! 도대체 누구의 기대가 이런 방식으로 좌절되었는가!

물론 부활절 아침이 왔고, 그리스도는 무덤에서 살아나셨다. 승천하셨다. 그러나 더 이상 없는가? 아니, 주님은 영광 중에 오르셨다. 더 이상 없는가? 당신은 인간적인 소망, 가장 대담한 인간적인 소망이 감히 사도들에게 할당된 과업과 눈곱만큼이라도 연관된다고 믿는가? 아니, 여기에서 모든 단순한 인간적인 소망은 절망해야 한다.

그때 생명을 주시는 성령이 오셨다. 사도들은 정말 죽었다. 사도들은 모든 인간적인 소망에 대하여 죽었고 자신의 능력 혹은 인간적인 도움에 대한 인간적인 확신에 대하여 죽었다.

그러므로 죽음이 먼저이다. 당신은 먼저 이 땅의 모든 소망에 대하여, 모든 인간적인 확신에 대하여 죽어야 한다. 당신은 이기심에 대하여, 이 세상에 대하여 죽어야 한다. 세상이 당신을 지배하는 것은 오직 당신의 이기심을 통해서만 가능하니까. 당신이 이기심에 대하여 죽는다면, 당신은 또한 세상에 대하여 죽는다.[99]

---

99 이것은 믿는 자가 세상을 이기는 방식이다. 이기심에 대하여 죽게 되면, 세상에 대하여 죽게 되고 세상은 믿는 자를 지배할 수 없다. 믿는 자는 세상을 얻기 위해 싸우지 않는다. 세상을 이기기 위해 싸운다. 요일 5:4를 참고하라.

사람은 전 존재가 이기심만큼 확고하게 의존하는 것은 아무것도 없다! 죽음의 순간에 몸과 영혼이 분리된다는 것은 살아 있는 동안 영혼이 분리되는 것만큼 고통스럽지 않다! 사람은 자신의 이기심에 의존하는 것만큼 확고하게 육체를 의존하지 않는다.

옛날이야기를 예로 들어보자.

어떤 사람이 극심한 고난을 경험한 이야기인데, 오늘날 현명한 사람들에게는 기껏 시적인 우화로 간주될 것이다. 한 예로, 인간의 입에 그토록 자주 오르내리고 사로잡는 남녀 간의 사랑erotic love, Elskov을 선택해 보자. 남녀 간의 사랑은 이기심을 가장 강력하고 가장 깊게 표현할 수 있기 때문이다.

사랑에 빠진 사람을 상상하라. 그는 대상을 보았고 사랑에 빠진다. 대상은 그의 눈에 기쁨이었고, 그의 마음에 바람이었다.[100] 그는 대상에게 다가갔다. 대상은 그의 눈에 기쁨, 그의 마음에 바람이었다. 그는 대상에게 다가갔고 그의 손으로 그 대상을 붙잡았다. 그 대상은 그의 눈에 기쁨이요, 그의 마음에 바람이었다.

그때 (저 옛날이야기에 나온 대로) 그에게 명령이 떨어진다.

"대상과 헤어지라!"

슬프다! 이 대상은 그의 눈에 기쁨, 그의 마음에 바람이었다!

나의 독자, 이기심이 실제로 살해당해야 한다면, 이 말이 얼마나 깊

---

100 이것은 부분적으로는 요일 2:16을 암시하고 있으며, 부분적으로는 롬 1:24를 암시하고 있다.

이 관통해야 하는지 파악하기 위해 노력해 보자. 그는 고통 중에 울부짖는다.

"아니, 나는 헤어지지 않을 것이며 대상과 헤어질 수 없습니다. 오, 하나님. 나를 불쌍히 여기소서. 내가 대상을 지킬 수 없다면 차라리 나를 죽여주소서. 아니면 대상이 나를 버리게 하소서."

당신은 그를 이해한다. 그의 이기심은 대상을 빼앗김으로써 확실히 상처를 받는다. 그러나 그 스스로 사랑의 대상을 포기할 때 이기심이 더 깊이 상처를 받는다는 것을 올바르게 인식했다.

독자여, 자기추구self-seeking가 더 깊이 살해당할 때 고통을 더 깊이 추적하기 위해 나아가자. "사랑의 대상"을 포함시켜보자. 그래서 그때 그가 바랐던 대상, 그가 다가갔고 소유했던 대상, 그의 눈에 기쁨 그의 마음에 바람, 그가 헤어져야 하는 대상(죽어가는 고통을 조금 더 치명적으로 설명하기 위해 가정해 보자). 대상 역시 그 같은 마음이다.

그들을 분리시키는 것은 잔인하다. 그리고 분리해야만 하는 자가 바로 그이다! 그는 이 세상의 어떤 권력도 빼앗으리라고 생각하지 않았던 대상과 헤어져야 한다. 대상과 헤어지기에는 이중으로 어렵다. 당신도 상상하듯이 사랑의 대상이 눈물로 간청하고 있으니까. 이 사랑의 대상이 살아 있는 자와 죽은 자, 사람과 하나님 모두에게 중지시켜달라고 부탁하고 있으니까. 대상과 헤어져야 하는 이가 바로 그이다!

여기에서 당신은 죽는 것이 무엇인지에 대한 예를 가진다. (그가 미치지 않고 저 날카로운 구석을 돌 수 있다면.[101]) 그의 소원, 그의 바람이 이루어지지 않거나 그의 바람의 대상, 그의 사랑의 대상을 빼앗기는 것을 보는 것도 충분히 고통스럽고, 이기심은 상처를 받는다. 그렇다고 죽는 것dying to, *afdøe*을 의미하는 것은 아니다. 대상이 그의 소중한 바람wish이었다면, 스스로 자기를 부인해야 하는 것도 충분히 고통스럽고, 이기심은 상처를 받는다. 그렇다고 죽는 것을 의미하는 것은 아니다.

그러나 이미 이루어진 바람을 스스로 산산조각 내는 것, 그가 소유하고 있는 바람의 대상을 스스로 빼앗아야 하는 것, 이것은 근본부터 이기심에 상처를 줄 수 있다는 것을 의미한다. 하나님께서 아브라함에게 그의 손으로 이삭을 희생 제물로 바치도록 요구했을 때처럼 말이다.[102] 얼마나 소름끼치는가. 이 두려운 광기여!

이삭, 그는 그토록 기다렸고 그토록 열망했던 선물이 아닌가! 하나님께 받은 선물이다. 아브라함은 남은 평생은 이 선물로 인해 하나님께 감사를 드려야 한다고 느꼈을 것이다. 그는 충분히 감사드리지도 못했다. 이삭, 그의 아들, 그가 늙은 나이에 얻은 자식, 약속의 자녀 아닌가.

당신은 죽음이 이만큼 고통스러울 수 있다고 생각하는가? 나는 그

---

101 이것은 극도로 어렵고 힘든 결정에 대한 표현일 것이다.

102 아브라함이 독자 이삭을 희생 제물로 드린 사건에 대하여, 미적, 윤리적, 종교적 분석을 하고 있는 책은 『두려움과 떨림』이다. 다음을 참고하라. Søren Kierkegaard, 『공포와 전율』 임춘갑 역. 서울: 치우, 2011.

럴 수 없다고 생각한다. 죽음이 있을 때 확실히 모든 것은 끝난다. 그러나 죽는 것dying to, *afdøe*은 이런 식으로 끝나지 않는다. 그는 죽는 것이 아니니까. 그의 앞에, 죽었던 자 앞에 긴 생애가 남아 있으니까.

이것이 죽는 것을 의미하는 바이다. 그러나 생명을 주는 영이 오시기 전에 당신은 먼저 죽어야 한다. 때로는 나 또한 하루든 오랜 기간이든 기분이 안 좋고, 지치고, 기운이 없고, 죽은 자처럼 느낄 때 나 자신에게 탄식하며 말했다.

"오, 나에게 생명을 주소서! 내가 꼭 필요한 것은 생명입니다."

또 내가 과로했을 때 아무것도 할 수 없는 것처럼 보일 때 혹은 내가 너무 오랫동안 온갖 실패를 경험하고 실의에 빠져 있을 때 나는 나자신에게 탄식하며 말했다.

"생명이요! 나에게 생명을 주소서."

그러나 그렇다고 해서 기독교가 내가 필요한 것은 이것이라는 의견에 동의하는 것은 아니다. 기독교가 다른 의견을 갖고 있다고 생각해 보라. 기독교는 말한다.

"아니, 먼저 완전히 죽어라. 네가 아직도 이기적으로 생명에 의지하고 있고, 네가 고통, 짐이라고 부르는 그 생명을 붙들고 있다는 것이 문제다. 완전히 죽어라."

나는 이미 절망에 빠질 준비가 되어 있는 자를 본 적이 있다. 나 또한 그가 울부짖는 소리를 들었다.

"나에게 생명을, 제발 생명을 주십시오. 이것은 결국 생명을 제거하는 죽음보다 더 나쁘군요. 나는 죽었으나, 그럼에도 죽지 않는 자처럼 있습니다."

나는 가혹한 사람이 아니다. 내가 어떤 온화한 단어를 알고 있었다면 기꺼이 위로하고 격려할 의향이 있었을 텐데 말이다. 그러나 아직, 아직, 고난당하는 자가 무언가 부족한 듯하다. 그래, 그는 더 극심한 고난이 필요했다.

더 극심한 고난. 누가 이같이 말할 정도로 잔인한가? 친구여, 이것이 기독교이다. 이것이 부드러운 위로라는 이름 아래 팔려나간 기독교의 교리란 말이다. 반면에 기독교는 영원의 위로eternity's comfort이다. 그래, 기독교는 영원히 위로한다. 그러나 이 위로는 확실히 가혹하게 다루어져야 한다.

기독교는 인간이, 너와 내가 그토록 열망하여 버텨낼 수 있는 그런 것이 아니다. 기독교는 돌팔이 의사가 아니다. 돌팔이 의사는 즉시 당신에게 봉사하며, 즉시 치료법을 적용하고 모든 것을 망친다. 하지만 기독교는 치료법을 적용하기 전에 기다린다. 기독교는 영원eternity의 도움으로 온갖 자질구레한 질병을 고치지 않는다. 이것은 기독교가 자기모순일 뿐만 아니라 불가능한 일이다.

기독교는 이 병이 영원을 적용해야 할 경우만, 바로 이 지점에, 다시 말해 당신이 죽어야 하는 곳에서 병을 고친다. 따라서 기독교가 스스로 허튼 짓nonsense을 하지 않도록(인간이 너무 열망하여 버티는 것), 기독교가 허튼 짓을 하는 당신을 승인하는 일이 없도록 돕는 것이 기독교의 가혹함Christianity's severity이다.

당신은 틀림없이 작은 규모라도 기독교의 올바름을 경험해 왔다. 당신은 내가 경험한 것을 경험한 적이 없는가? 당신은 신음하기 시작할 때 이미 말했다.

"나는 더 이상 못 버텨요."

그 다음날 당신은 더 가혹하게 다루어진다. 그때 당신에게 무슨 일이 일어나는가? 당신은 버틸 수 있었다! 말이 킁킁거리며 숨을 헐떡거릴 때 지친 듯한데, 한 줌의 귀리가 필요한 것 같을 때 한 순간 정지하고 나서 무거운 짐을 실은 마차가 언덕 아래로 굴러 떨어지고, 무거운 짐이 말과 마부와 함께 온갖 짐들이 저 심연으로 던져질 때 마부가 말에게 치명적으로 채찍질을 가하는 것은 잔인한가? 이전에는 이런 식으로 채찍질을 가할 마음이 없었던 그가 그의 눈에 넣어도 아프지 않을 만큼 소중한 이 특별한 한 쌍의 말에게 채찍을 가하다니!(이것은 확실히 그럴 수 있다.) 이것은 잔인한가, 아니면 친절한가? 이것이 파멸에서 구원하는 무조건적으로 유일한 방법이며, 도울 수 있는 유일한 방법일 때 잔인한 것은 정말 잔인한가? 죽는 것도 마찬가지이다.

독자여, 그때 그때 생명을 주는 영이 오신다. 언제? 이 일이 일어났을 때 당신이 죽었을 때이다. 말씀이 "우리가 주와 함께 죽으면, 주와 함께 산다"(딤후 2:11)라고 말한 것처럼 이 말씀은 또한 다음과 같이 말한다.

"우리가 주님과 함께 살아야 한다면, 우리는 주님과 함께 죽어야 한다."

먼저 죽고, 그 다음 생명이다. 언제인가? 첫 번째 일이 일어날 때이다. 생명을 주는 영의 오심은 그리스도께서 제자들에게 약속하신 "위로자Comforter"의 오심과 같기 때문이다.[103] 위로자는 언제 오시는가? 그분은 그리스도께서 그의 생애에 대하여 예언했던 모든 두려운 일들이 일어날 때까지 오지 않았다.[104]

마찬가지로 제자들의 삶과 관련하여 그리스도께서 예언했던 두려운 일이 일어날 때[105] 위로자는 오신다. 그가 동일한 순간에 오시는지는 말씀하시지 않았다. 단지 첫 번째 일이 일어날 때 이 죽는 것이 일어날 때 오신다고 말한 것뿐이다. 생명을 주는 영의 오심도 이와 마찬가지이다.

성령의 선물

성령은 오신다. 그분은 오시는 데 실패해서 기만하지 않는다. 성령은 사도들에게 오지 않았는가? 그분은 그들을 속였는가? 그분은 진정 믿는 자에게 늦게 오셨는가? 그분은 오는 데 실패해서 그들을 기만했는가?

103　요 16:7에 나와 있는 보혜사를 일컫는다. 요한복음 13-17장은 예수님의 고별설교로, 여기에서는 "위로자"로 번역하였고, 성령의 사역 중에 하나이다.
104　주님의 고난과 죽음에 대한 세 번의 예언을 암시한다. 마 16:21-23, 17:22-23, 20:17-19를 참고하라.
105　다음을 참고하라. 마 5:11, 10:17-22, 24:9, 요 16:2

아니, 성령은 오시고, 선물을 가져오신다.[106] 이것은 영spirit과 생명life
이다.(요 6:63)

성령은 믿음, 믿음을 가져오신다.(고전 12:9) 엄밀한 의미에서 믿음을
갖는다는 것은 죽음 후 그 사이에 나타나는 성령의 선물이다. 인간들
의 말은 의미가 명확하지 않다. 기독교적 의미에서 볼 때 종종 믿음이
아닌 것을 믿음이라고 말할 때가 있다.

천부적인 재능의 다양성에 따라 우리 모두 더 강하거나 더 약한 직
접성immediacy을 갖고 태어난다. 강할수록 더 원기 왕성하고livskraftig 저
항에 더 오래 버틸 수 있다. 이런 인내, 자기 안의 이런 강인한livsfrisk 확
신, 세계 속에 인류 속에 있는 이런 확신, 이 모든 것과 더불어 하나님
안에 있는 이런 확신을 '믿음'이라고 부른다. 그러나 더 엄밀한 의미
의 기독교적 이해에 따르면, 이것은 믿음이 아니다.

믿음은 이해에 반한다.[107] 믿음은 죽음의 이면에 있다. 당신이 죽을
때 당신이 자신에 대해 죽고 세상에 대해 죽을 때 당신은 또한 자신
안의 이런 모든 직접성에 대해 죽었다. 또한 이해에 대하여 죽었다.
이것은 당신 자신 안에 혹은 인간적인 지지 안에 있었던 모든 확신,

106 이 부분은 행 10:44-45를 언급하고 있다. 말씀에 의하면, 베드로의 설교를 들은 모든 자에게 성령의 선
물이 부어진다. 고전 12:1-11에서도, 바울은 성령의 다양한 선물들에 대하여 언급하고 있다. 물론, 은사
로 불린다. 또한 고전 14:1-5도 참고하라. 여기에서는 영적인 선물을 사모하라고 말한다(1절).
107 『죽음에 이르는 병』을 저술한 가명의 저자 안티 클리마쿠스에 의하면, 이해를 상실하는 공식은 다
음과 같다. "믿음은 하나님을 얻기 위해 이해를 상실한다." 다음을 참고하라. *The Sickness Unto Death*,
(Princeton: Princeton University Press, 1980), 38.

또한 직접적인 방식에서 하나님 안에 있었던 모든 확신이 전멸했을 때이다. 또한 이것은 모든 확률이 전멸했을 때 모든 확률이 어두운 밤처럼 어두웠을 때이다. 이것이 진실로 우리가 서술하는 죽음이다.

바로 이때 생명을 주시는 영이 오고, 믿음을 가져오신다. 이 믿음은 온 세상보다 더 강하다. 이 믿음은 영원의 능력을 가지고 있다. 이 믿음이 하나님에게 받은 성령의 선물이다. 이 믿음이 세상을 이기는 승리이다.(요 5:4) 이 믿음으로 당신은 넉넉히 이긴다.(롬 8:37)

다음으로 성령은 소망을 가져오신다.(롬 4:18) 엄밀한 기독교적인 의미에서 소망은 소망에 반한 소망이다hope against hope. 모든 사람에게는 직접적이면서 자연스럽게 나타나는 소망이 있다. 이런 소망은 이 사람보다 저 사람이 더 강할 수 있다. 그러나 죽음에서(곧, 당신이 죽어야 할 때), 이런 모든 소망은 죽고 절망으로 바뀐다. 이 절망의 밤으로 (이것이 우리가 서술하는 죽음이다) 생명을 주시는 영이 온다. 그분이 오실 때 소망을, 영원의 소망을 가져오신다. 이 소망은 소망에 반한다. 저 순진한 자연적인 소망에 의하면, 거기에 더 이상 소망이 없기 때문이다. 결과적으로 이 소망은 소망에 반한다. 이해understanding는 말한다.

"아니에요, 거기에 소망이 없다고요!"

그렇지만 당신은 이해에 대하여 죽었다. 이 경우에 이해는 침묵하고 있다. 그러나 이해가 다시 한 번 연단에 올라선다면, 이해는 중단

한 곳에서 즉시 다시 시작할 것이다.

"거기에 소망이 없다니까요!"

이해는 이 새로운 소망, 이 성령의 선물을 조롱할 것이다. 지혜롭고 분별 있는 사람들이 사도들을 조롱하며 "그들은 새 술에 취했다"라고 말하듯이(행 2:13) 그들은 당신을 조롱하며 말할 것이다.

"당신이 그와 같은 것을 생각할 수 있다니, 술에 취했음에 틀림없군. 적어도 당신은 제 정신이 아니야."[108]

누구도 이해보다 이를 더 잘 알 수 없다. 이해가 이에 대해 말한다는 것은 지나치게 분별력이 있다는 뜻이다. 죽는다는 것은 이해에 대해 죽는 것이니까. 생명을 주시는 영의 소망은 이해에 반한 소망이니까.

"거기에 소망이 없다는 것은 절망하기에 충분해."

이해가 계속 말한다.

"그럼에도 불구하고 이해할 수 있지. 이것이 이면에(거기에 소망이 없다는 것) 새로운 소망이 있다는 것, 이 소망, 나의 이름이 이해한 것만큼 확실하게, 이것은 광기이다!"

그러나 생명을 주는 영, "이해"가 할 수 없는 무언가를 주시는 영은 이 "소망"이 소망에 반한다는 것을 증언하고 선포한다. 소망을 찾기 위해 헛되이 몸부림치다가 절망하고 있는 당신, 당신이 반항하면서

---

108 최종 원고의 여백에서 삭제된 것을 보면 다음과 같다. 그러나 이 설명은 부적합하다. 특별히 사도들에게
      적용하자면 그렇다. 그들이 강한 술에 취해 있었다면, 다음날에도 취해 있었고, 심지어 20년 후에도 취
      해 있었고, 죽음의 순간에도 취해 있었기 때문이다. -*Pap.* X⁶ B 4:14 *n.d.*, 1851

주장하는 것은 이것이 아닌가? 당신에게 어떤 소망도 없다는 것, 이것을 심지어 아이들에게도, 심지어 사람들 중에서 가장 어리석은 자들에게도 알기 쉽게 설명하는 데 성공할 수 있다고 생각한다. 당신을 비참하게 만드는 것은 이것이다. 즉, 당신의 항변은 반박될 것이다. 그때 성령께 털어놓으라. 당신은 성령께 이야기할 수 있으니까. 성령은 즉각적으로 동의하며 말한다.

"맞아, 거기에 소망이 없다. 이런 주장은 나에게 중요하다. 바로 이것에서 나, 성령은 거기에 소망이 있다는 것을 보여줄 거니까. 그리고 이것은 소망에 반한 '소망'이다."

당신은 더 많은 것을 요구할 수 있는가? 당신이 고난당하고 있는 상태에 걸맞은 어떤 대우를 상상할 수 있는가? 당신이 옳았다고 판명났다. 그래, 거기에 소망이 없다. 당신이 옳았다고 판명이 났다. 그래, 당신은 그것이 필요했다. 당신은 또한 현재의 모습이 필요했다. 저 모든 쓸데없는 소리에서, 저 메스꺼운 위로에서 제외될 필요가 있었다.

당신은 심하게 아플 수 있다. 그리고 돌팔이 의사에 의해 평화롭게 남겨질 수 있다. 이것이 큰 도움이 될 수도 있다. 당신에게 새 생명을 주기 어려우나 살리기 위해 노력하면서 당신이 죽는 것을 막으려고 노력하는 자들의 해로운 의학적 치료에서 자유롭고, 당신이 죽기 위해 반대편으로 갈 수 있다. 그래야 고통을 끝내고 불안을 잠재울 뿐만 아니라 일반적인 소망과는 다른 "소망"을, 성령의 선물을 받는다!

마지막으로 성령은 사랑*Kjerlighed*을 가져온다.(롬 5:5) 나는 다른 곳에
서[109] 충분히 강조할 수 없고, 명확하지 않은 것을 제대로 보여주려고
노력했다. 사랑이라는 이름 아래 우리가 찬양하는 것은 자기애self-love
라는 것, 이것을 주의하지 않을 때 기독교는 우리에게 혼란스럽다는
것을 말이다.

당신이 이기심에 대해 죽고, 세상에 죽고 나서야 세상을 사랑하지
않고 세상의 어떤 것도 사랑하지 않는다.(요일 2:15) 심지어 이기적으로
단 한 사람도 사랑하지 않는다. 하나님의 사랑 안에서 당신이 자신을
부인하는 법을 배우고 나서야[110] 기독교의 사랑이 무엇인지 질문할 수
있다.

한낱 인간적인 개념에서 사랑은 "즉각" 본성과 밀접한 관계가 있
다. 따라서 젊었을 때는 사랑이 가장 강하다는 것을 당연히 받아들인
다. 자연스럽게 따뜻한 마음으로 열정을 품고 있을 때 애정이 개방적
일 때 사람과의 관계에서 애착을 형성할 때 사랑은 가장 강하다는 것
이다. 당연하지 않지만, 일반적으로 나이가 들어가면서 사람과 애착
을 형성하려는 본성은 차츰 줄어들고, 더 폐쇄적이고 애정 어린 마음
을 개방하지 않으려고 한다는 것을 발견한다. 이것을 슬픈 경험의 슬
픈 결과로서 설명한다. 그리고 이렇게 말한다.

109 이 부분에 대하여는 다음을 참고하라. 프린스턴판 영역본. *Works of Love, KW* XVI (SV IX 54-60); *Sickness Unto Death*, p. 45, *KW* XIX (SV XI 157).
110 눅 14:26; 요 12:25를 참고하라.

"슬프다! 이 행복하고, 사랑스럽고, 애정 어린 마음이 개방적이고, 헌신적인 젊은이의 마음이, 또한 우리의 젊음이, 그렇게 자주, 그렇게 비통하게 실망스러울 수 있다니. (이것이 정말 사실이라면!) 나는 사람에게서 완전히 다른 측면을 구별하는 법을 배워야 했어. 그러므로 ('그러므로'가 존재한다!) 내 마음에 사랑의 좋은 마음이 꺼져버리고 말았지."

오, 친구여. 당신은 사도들이 사람을 아는 법에 대해 어떻게 배웠다고 생각하는가? 당신은 사도들이 호의적인 면부터 배웠다고 생각하는가?

"사람은 사랑받을 만한 가치가 없다는 것을 알아. 나는 이런 식으로 사람을 알아가는 법을 배웠지."

지금까지 이렇게 말하는 것을 정당화할 수 있는 누군가가 있었다면, 그들은 그리스도의 사도들이다! (이런 사람은 사랑스럽고, 애정 어리고, 다정다감한 젊은이의 마음에 대해 중얼거리면서 허둥지둥 걷는 사람들 사이에서 발견되지 않는다.) 이것은 쓰라린 경험이다.

사람에게 사랑할 만한 면을 찾으려는 것은 당연하다. 구하는 것이 다른 사람의 재물이 아니라 오직 다른 사람의 복지를 구할 때[111] 이것은 합리적이다. 그러나 이런 것을 찾지 않는 것, 그 반대를 찾는 것, 사도들이 그 반대를 찾듯이 찾으려는 것, 이는 누군가의 죽음이나 다름

---

111 고후 12:14, 바울은 말한다. "나의 구하는 것은 너희의 재물이 아니라, 너희다."

없다!

　이는 어떤 의미에서 사도들의 죽음이었다. 그들은 죽었고, 그들 주위에 모든 것은 캄캄해졌다. 이것이 우리가 말하는 죽음이다! 그들이 두려운 경험을 할 때이다. 다시 말해 사랑은 사랑받지 못하고, 사랑이 미움을 받고, 사랑이 조롱을 당하고, 사랑이 침 뱉음을 당하고, 사랑이 이 세상에서 십자가에 달렸다. 사랑이 십자가에 달렸으나 심판하는 정의는 조용하게 그의 손을 씻는다.(마 27:24) 사람들의 목소리는 강도를 향해 부르짖는다.

　그때 사도들은 사랑할 수 없는 세상을 향해 영원한 증오를 맹세했는가? 그래, 어떤 의미에서 하나님의 사랑은 세상을 향한 증오이기 때문이다.[112] 그러나 다른 의미에서는 아니다. 사도들은 지속적으로 사랑 안에 거하려고 하나님을 사랑함으로써 하나님과 연합한다.[113] 말하자면, 사랑할 수 없는 세상을 계속 사랑하려고 하나님과 연합하는 것이다. 생명을 주시는 영은 사도들에게 사랑을 가져온다.

　따라서 사도들은 그들의 모범을 따르면서 사랑하기로, 고난을 당하기로, 모든 것을 견디기로 결심한다. 사랑할 수 없는 세상을 구원하기 위해 희생당하기로 결심한다. 이것이 사랑이다. 바로 이것이 생명을 주시는 영이 오순절에 사도들에게 가져온 선물이다.

112　약 4:4, 누구든지 세상의 친구가 되고자 하는 자는 하나님의 원수가 되는 것이니까.
113　요일 4:16, 사랑 안에 거하는 자는 하나님 안에 거하고 하나님도 그 안에 거한다.

성령이여, 우리에게도 이 선물을 가져다주소서.

확실히 이 선물이 이와 같은 시대에 필요합니다!

마부가 부족하다

독자여, 말하고 싶은 것이 더 있다. 당신이 보기에 내 말이 엄숙하지 않아 보일 수도 있다. 그렇지만 나는 심사숙고하면서 의도를 가지고 전달하고자 한다. 그래야 당신에게 더 진정성있게 인식될 것이라고 믿는다.

옛날에 부자가 있었다. 그는 흠이 없고 훌륭한 말 한 조를 아주 비싼 값을 주고 해외에서 사 왔다. 그는 말을 몰 수 있다는 기쁨으로 그 말들을 원했다. 그리고 두 해가 흘렀다. 일찍이 이 말들이 어떤 말인지 알고 있던 사람이 그가 이 말들을 몰고 가는 모습을 본다면, 바로 그 말들인지 알아차리지 못했을 것이다. 말의 눈동자는 지쳐 있었고 조는 듯했다. 말들의 걸음걸이는 우아하거나 씩씩하지 않았다. 지구력도 없고 인내력도 없었다.

그 부자는 한 번도 쉬지 않으면서 6킬로 정도 말들을 몰았다. 때로는 그가 최선을 다해 말을 몰려고 해도 말은 가만히 서 있기만 했다. 그 뿐 아니라 말들의 몸에는 온갖 나쁜 버릇과 습관들이 배어있었다. 또 아무리 많이 먹여도 말들은 점점 야위어갔다.

그러자 부자는 왕실의 마부를 불렀고, 마부는 한 달 정도 그 말들을 몰았다. 그랬더니 온 마을에 알 만큼 기품 있게 머리를 치켜들고 걷는 말들의 모습은 어떤 말과도 비교할 수 없을 정도였다. 눈빛은 날카로웠고, 걸음걸이는 아름다웠다. 이 말들은 한 번도 쉬지 않고 50킬로 넘게 달렸는데, 이 말들보다 더 잘 달릴 수 있는 말은 없었다.

왜 이런 일이 일어났는가? 이 상황을 이해하는 것은 쉽다. 말들을 소유한 자는 마부가 되지 못한 채 마부가 되려고 낱낱이 말을 간섭한 것이다. 결국 말 모는 일을 자신이 이해한 대로 말을 본 것이다. 그러나 왕실 마부는 말 모는 일을 마부가 이해한 대로 말을 몰았던 것이다.

사람도 마찬가지이다. 나는 나 자신이 알고 있던 셀 수 없이 많은 사람들을 생각하면서 종종 나 자신에게 슬프게 말했다.

"여기에 능력도 있고 재능도 있고 자격도 되는 사람은 충분하지. 다만 마부가 부족할 뿐이야."

너무 오랫동안, 대대로 인간들은 말 모는 것을 자신이 이해한 대로 말을 부렸던 것이다. 은유로 표현하자면 그렇다. 우리는 사람이 무엇인지를 인간적 개념으로 교육을 받았고, 지시받고, 양육되었다. 보라, 이로 인해 우리에게 부족한 것은 높임elevation이다. 결과적으로 인내심이 부족한 것도 이 때문이다. 우리는 성급하여 즉시 순간적인 수단들을 사용한다. 그리고 성급하게 우리가 행한 일의 보상을 바란다. 바로 이런 이유로 일에 대한 보상은 그다지 좋지 못하다.

한때 상황은 달랐다. 감히 이런 식으로 표현하자면, 스스로 마부가 된다는 것은 하나님을 기쁘게 하는 것이기도 했다. 그는 말 모는 것을 마부에 대해 이해한 대로 말을 몰았다. 오, 그 당시에 사람이 무엇을 할 수 있겠는가!

오늘을 위해 말씀의 본문을 곰곰이 생각해 보라. 거기에 열두 제자가 있었다. 그들 모두 우리가 보통 사람이라고 부르는 사회 계급에 속해 있었다. 그들이 하나님으로 경배했던 그분, 그들의 구세주가 되신 분, 그들은 바로 그분이 십자가에 달리는 것을 보았다. 다른 어떤 사람도 최소한의 방법으로 이것을 말할 수 없다. 그들이 이 모든 것의 손실을 증언할 수 있는 목격자들이라고 말할 수 있다. 사실이다. 그 이후 그분은 승리자가 되어 하늘로 승천하셨다.(행 1:9-11) 그분은 이런 방식으로 그들 곁을 떠나가셨다.

지금 그들은 거기에 앉아 있고, 성령이 그들에게 임하시기를 기다리고 있다. 이것은 그들이 속한 이 작은 나라에서 저주를 받은 바, 그들을 향해 온 세상의 증오를 일깨우는 가르침을 선포하기 위해서이다. 이것이 그들의 과업이다. 이 열두 제자는 세상을 변화시켜야 한다. 그것도 가장 소름끼치는 규모로, 세상의 의지에 반역해야 한다.

바로 여기에 이해는 멈춘다! 너무나 오랜 시간이 지나서, 심지어 지금도, 이해는 이것에 대한 희미한 개념을 정립하기 위해 멈춘다. 이것은 사람을 미치도록 몰고 가기에 충분하다. 사람이 몰 수 있을 만한 이해를 갖고 있다면 말이다.

이것이 우리가 경험하고 겪는 기독교이다. 열두 제자가 이 기독교

를 겪었다. 그들은 우리와 같은 사람들이었다. 그러나 그들은 잘 부려
졌다! 그래, 진실로 그들은 그랬다! 그들은 왕실 마부가 그들을 몰고
있을 때처럼 그런 한 조의 말과 같았다. 겸손하게 하나님 앞에 있었던
이 첫 번째 그리스도인들이 세상 위로 머리를 높이 치켜들고 있었던
것처럼 사람은 그렇게 높이 그들의 머리를 들지 못했다!

필요하다면, 단 한 번도 쉬지 않고 60킬로를 달릴 수 있었던 저 한
조의 말처럼 그들도 그렇게 달릴 수 있었다. 그들은 마구를 벗지도 않
은 채, 어느 곳에서도 멈추지 않은 채 단 한숨에 70년을 달려왔다.[114]
아니, 그들이 하나님 앞에서 겸손 가운데 있었던 만큼 그들은 자랑스
러워하며 말했다.

"우리는 이 길을 따라가는 것을 망설이지 않았습니다. 빈둥거리지
도 않았습니다. 우리는 멈추지 않았습니다. 영원까지."

이것이 겪어야만 하는 기독교였다. 그래, 그들은 겪었다. 그들이 해
낸 것이다. 그들은 잘 부려졌다. 그래, 그들은 그랬다![115]

---

114 이것은 일반적인 평균 수명을 의미한다. 시 90:10, "우리의 년 수가 칠십이요, 강건하면 팔십이다."
115 나중에 최종본에서 삭제된 내용은 다음과 같다. . . . ‑실제로 우리가 살고 있는 삶, 우리의 인생과 비교
     한다면, 원고가 있는 없든, 눈물이 있는 없든, 주일의 열변은 우리에 대한 고발, 우리에 대한 조롱에 불
     과하기 때문이다. 이런 식으로 살아가는 방식이 전부 터무니없는 과장에 속하고, 가장 터무니없다는 것
     을 우리의 실제적이고 개인적인 삶이 표현할 때 혹은 오히려 기독교가 세상에 들어온 이 전체 문제가
     소설이나 우화가 되었다는 것을 표현할 때 거짓말이나 헛소리와 같은 것들은 말할 것도 없고, 어떤 악
     마도 기독교가 세상에 들어온 방식을 파악할 수 없다는 것을 표현할 때 반면에 어떤 조용하고, 집중되
     고, 진지하게 분별이 있는 심사숙고는 이 세상에서 기독교가 다수의 사람들에게 생계를 공급해야 하는
     이유를, 그 기원과 가장 크게 대조되는 것을 공급해야 하는 이유를 쉽게 이해한다. 즉, 기독교로 먹고 사
     는 것이다. 그러나 원래 사람은 기독교를 위해 죽어야 한다. ‑*Pap.* X⁶ B 4:15 *n.d.*, 1851

오, 성령님이여. 우리 자신을 위해, 모든 사람들을 위해 기도합니다.

오, 성령님이여, 생명을 주는 영이시여.

여기에 능력이 부족한 것도, 교육이 부족한 것도, 지혜가 부족한 것도 아닙니다. 오히려 이런 것들은 너무나 많습니다. 필요한 것은 당신께서 우리를 타락하게 하는 무엇이든 가져가시는 겁니다. 필요한 것은 우리의 능력을 빼앗고 생명을 주시는 겁니다.

당신께서 능력이 되기 위해 사람에게서 능력을 빼앗을 때 그는 확실히 죽음의 떨림과 같은 그런 떨림을 경험합니다.

오, 그러나 동물들도 일련의 순간에 왕실 마부가 고삐를 잡는 것이 그들에게 얼마나 유익한지 이해한다면, 이것이 처음에는 그들을 떨게 할지라도, 그들이 처음에는 반항할지라도, 그러나 아무 소용이 없습니다. 당신께서 능력을 빼앗아 가고 생명을 줄 때 그것이 얼마나 큰 축복인지, 하물며 사람이라면 빠르게 이해할 수 있지 않겠습니까!

부록

—

해제1

순간의 오해와 역설적 제자의 의미

해제2

자기해석학

부록

키에르케고어의 일기와 기록 중에서

—

옮긴이 이창우 목사

Søren Aabye Kierkegaard, 1813-1855

순간의 오해와 역설적 제자의 의미

1. 서언

키에르케고어의 후기 작품 중에서 가장 체계적인 기독교 비판을 담은 책은 『스스로 판단하라Judge for yourself』이다. 이 책은 비판적인 내용으로 출판을 미루다가 사후에 출판되었다.[116] 또한 같은 해 완성된 『자기시험을 위하여For Self-Examination』이 있다.

이 두 저서는 기독교의 불후의 명작이며, 무엇보다 키에르케고어가 생각하는 제자도와 성령 사역의 핵심 내용을 담고 있다.

그가 성령의 역사를 얼마나 중요하게 생각했는지 알 수 있는 작품이 있다면, 이 두 저서를 필독해야 한다. 폴 마튼스Paul Martens는 『그리

---

116 이 저서는 1851년에 완성되었으나, 키에르케고어가 죽고 난 후 1876년에 출판되었다.

스도교 훈련』을 포함하여 어떤 작품들보다 이 저서가 성령의 역할을

발전시켰다고 평가한다.[117] 뿐만 아니라 제자, 본받음, 겸손, 행위와 공

로, 은혜, 속죄 등 기독교의 중요한 개념을 다루고 있다.

키에르케고어가 루터와 루터교에 대한 어떤 생각을 가졌는지 알

수 있는 작품도 이 두 저서이다. 그는 루터에 대하여 긍정적인 평가를

하나 루터교에 대해 부정적이다. 그의 생각에 루터교는 기독교 타락

의 주범이기도 하다. 또한 그는 루터와는 정반대 방향에서 이 주제를

다룬다고 말한다. 다시 말해, 루터는 행위, 실존, 사랑의 행위 등과 같

은 주제에 대하여는 관심이 없다.[118]

『자기 시험을 위하여』의 1부는 야고보서에 대한 변증이라고 말해

도 과언이 아니다. 그 정도로 이 작품에서는 행위와 공로를 다룬다.

뿐만 아니라, 야고보서 말씀을 다루면서 말씀을 읽는다는 것은 "거울

앞에서 자기자신을 보는 행위"라는 것을 역설한다.

『자기 시험을 위하여』 2부는 모범이신 예수 그리스도께서 어떤 삶

을 사셨는지 집중적으로 다룬다. 무엇보다 기독교 세계에서 간과했던

승천이 그분을 본받는 자들에게는 결코 의심할 수 없는 사실이라는

것이다. 그러나 기독교 세계에서 부활과 십자가 신학은 강조하고 있

---

117 Paul Martens, "The Emergence of the Holy Spirit in Kierkegaard's Thought: Critical Theological
     Developments in For Self-Examination and Judge for Yourself!," *For Self-Examination and Judge for Yourself*,
     ed. Robert L. Perkins (Macon: Mercer University Press, 2002), 199.

118 Søren Kierkegaard, *For Self-Examination/Judge For Yourself* trans. Howard V. Hong and Edna H. Hong
     (Princeton: Princeton University Press, 1990), 24.

으나 승천 신학이 없다.

3부의 주제는 성령이다. 3부에서는 성령의 역할을 논의하기 전에 시대정신에 대하여 말한다. 시대정신은 늪지대의 안개와 같음에도 불구하고 세상은 시대정신에 빠져있다.[119] 그러나 생명을 주는 정신(영)은 오신다.(요6:63) 이 정신이 성령이다. 성령은 무엇보다 죽음을 요구한다. 이 죽음은 육체의 죽음이 아니라 세상에 대하여 죽는 것이다. 이 죽음 후에만 생명을 주는 영은 오신다.

『스스로 판단하라』 역시 성령의 역할을 강조한다. 여기에서 성령은 무엇보다 술 깨게 한다. 다른 어떤 기도보다 성령께 술 깨도록 기도해야 한다.[120] 그러나 기독교와 세상은 관점이 완전히 다르다. 기독교가 술 깼다고 말하는 것을 세상은 술 취했다고 말하고, 기독교가 술 취했다고 말하는 것을 세상은 술 깼다고 말한다.

이것은 일종의 시대정신과 기독교 정신인 성령과의 다툼인 것이다. 키에르케고어에게서, 하나님 앞에 서는 것만이 술 깨는 것이다. 하나님 앞에 실존하는 모든 방법 중에 가장 고차원적인 것은 성령 안에서 실존하는 것이다.[121] 이런 점에서 그가 성령의 역할을 강조하기 위한 주

---

119 Ibid., 74.

120 Søren Kierkegaard, 『스스로 판단하라』 이창우 역 (서울: 샘솟는기쁨, 2017), 15.

121 Jeremy Walker, Kierkegaard: *The Descent into God* (Montreal and Kingston: Mcgill-Queen's University Press, 1985), 205.

제는 죽음, 생명, 술 깸이다.[122]

　『스스로 판단하라』는 크게 1부와 2부로 나누어져 있다. 1부는 일종의 술 깸과 술 취함의 변증이고, 2부는 복음의 요구조건을 제시하며 모범이신 예수 그리스도와 본받음의 의미에 관한 성찰이다. 아마 그의 작품 중에서 목사와 교수에 대한 책망을 이보다 더 신랄하게 하고 있는 작품도 없을 것이다. 그의 후기 작품은 무엇보다 본질의 기독교가 무엇인지 각인시키는 데 있었다. 이런 점에서 『죽음에 이르는 병』, 『그리스도교 훈련』, 『사랑의 역사』, 『자기 시험을 위하여』, 『스스로 판단하라』는 그 중심점에 서 있다.

　그리스도인이 세상에서 어떤 존재로 살아야 하는지에 대하여 알고 싶다면, 먼저 『그리스도교 훈련』 3부를 필독해야 한다. 그러나 이 저서에는 구체적인 실행방안이 없다. 그리스도의 길에 대하여 언급하지만, 이 길이 어떤 길인지에 대한 명확한 제시도 없다. 그렇기 때문에 이 부분에 대한 이해를 돕기 위해 『사랑의 역사』와 『스스로 판단하라』를 읽어야 한다. 그리스도가 어떤 길을 갔는지를 알기 위해 『자기 시험을 위하여』를 읽어야 한다. 이 저서들에서는 조금 더 구체적 행동과 진리의 길을 제시하고 있기 때문이다.

　그리스도인의 실존이 어떤 상태인지를 알고 싶다면, 『죽음에 이르

122　Paul Martens, *"The Emergence of the Holy Spirit in Kierkegaard's Thought: Critical Theological Developments in For Self-Examination and Judge for Yourself!,"* 200.

는 병』을 필독해야 한다. 이 저서에는 이 병을 어떻게 극복하는지 구체
적인 실행방안이 없다. 절망에 대한 많은 분석과 언급이 있으나 절망을
극복하고 믿음으로 살기 위한 구체적인 제시가 없다. 그렇기 때문에 절
망의 극복 방안을 위해서는 『자기 시험을 위하여』를 필독해야 한다.

　이 소고는 후기의 이 작품들이 전기의 작품과 불연속점에 있는 것
이 아니라, 언제나 같은 관점에서 다르게 설명하고 있다는 점을 말하
려고 한다. 대표적으로 『철학의 부스러기』와 『불안의 개념』에서 다루
는 "순간"의 의미를 다루고, 키에르케고어의 중요한 사상 중 하나인
실족과 순간과의 관계를 살피고, 『자기 시험을 위하여』와 『스스로 판
단하라』에서 그토록 강조하고 있는 "본받음"은 결국 순간의 운동임을
밝힐 것이다.

2. 본론

1) 순간

　키에르케고어가 말하는 순간의 의미는 과거, 현재, 미래가 연속
적으로 연결되는 그런 물리적인 시간의 흐름이 아니다.[123] 그가 말하

123　Daniel Herskowitz, *"The Moment and the Future: Kierkegaard's Øieblikket and Soloveitchik's View of Repentance,"*

는 순간은 시간의 원자가 아니라 영원의 원자다. 그것은 시간 안에서
의 영원한 최초의 반영이며, 시간을 멈추려는 최초의 시도다.[124]『불안
의 개념』의 저자 하우프니엔시스에 의하면, 순간은 시간과 영원이 서
로 접촉하는 양의성ambiguity이다. 그리고 이 양의성과 더불어 시간성
temporality의 개념이 정립되는데, 이 시간성을 통해서 시간은 끊임없이
영원과 교차하며, 영원은 끊임없이 시간에 스며든다. 그 결과 분할된
현재의 시간, 과거의 시간, 미래의 시간이라는 자신의 의의를 획득한
다.[125]

주의해야 할 것은 키에르케고어가 말하는 영원은 그리스적인 개
념이 아니라는 것이다. 무시간적인 것으로 헤겔의 "무시간적 현재"나
셸링의 "영원한 지금"과 같은 의미가 아니다. 이런 무시간적 영원관
은 플라톤, 아리스토텔레스의 그리스 철학에 명확히 주장되어 있고,
아우구스티누스에 의하여 그리스도교 신학, 특히 그의 신비주의에
받아들여졌으며, 다시 독일의 관념론에 계승되었다.[126] 그러나 키에르
케고어에게서 영원 개념은 역사적 순간 안에 구체화된 영원이다. 영
원한 것으로 채워져 있는 순간, 이것을 때의 참the fullness of time, 갈 4:4이
라 부른다.[127] 혹은 순간 속의 진리, 그리스도의 현현incarnation인 것처럼

AJS Review, vol. 40 (April 2016): 89.

124 Søren Kierkegaard,『불안의 개념』임규정 역 (서울: 한길그레이트북스, 2008), 261.

125 Ibid., 262.

126 Søren Kierkegaard,『철학의 부스러기』표재명 역 (서울: 프리칭아카데미, 2007), 211.

127 Ibid., 36.

보인다.

요하네스 클리마쿠스는 이 문제를 스승과 제자와의 관계에서 다룬다. 일반적으로 스승과 제자는 상호 간의 관계다. 다시 말해, 서로 주고받는 관계다. 스승 없이 제자 없고 제자 없이 스승 없다. 그러나 신은 자기를 이해하기 위해여 제자를 필요로 하지 않는다. 어떤 때 occasion라도 신에게 결단을 촉구할 만큼 큰 힘을 가진 것은 없다. 그렇다면 무엇이 신을 움직인 것일까? 신은 어떤 외부의 작용에 의해서 결단한 것이 아니다. 아리스토텔레스의 "부동의 동자unmoved mover"처럼 스스로의 결단에 의해서 신은 스스로 움직인다. 그 힘은 사랑이다. [128]안티 클리마쿠스는 다음과 같이 말한다.

신의 결단이 어떤 때와 아무런 동등한 상호관계가 없다면, 그것이 시간 안에서 실현될 때 그 결단이 순간이 된다 할지라도, 그 결단은 영원으로부터 와야 한다. 그 때와 때를 유발시킨 원인이 일치한다면, 그래서 그것이 마치 사막에서 외치는 소리에 대한 응답과 같다면, 순간은 나타나지 않고 상기recollection에 의해 영원에 흡수되고 말기 때문이다. 순간은 동등하지 않는 때와의 영원한 결심과의 관계에서만 나타난다.[129]

---

128 Søren Kierkegaard, *Philosophical Fragments*, trans. Howard V. Hong and Edna H. Hong (Princeton: Princeton University press, 1985), 23-25.

129 Ibid., 25.

요약하면, 신the God[130]의 결단에 의해 순간은 나타나고 신을 결단하게 만든 것은 사랑이다. 이 순간은 영원으로 가득 찬 순간이다. 혹은 시간 안에 영원, 역사 속의 하나님the God, 성육신incarnation이다.[131]

그렇다면 순간을 만나기 위한 조건은 무엇인가? 하우프니엔시우스의 설명에 의하면, 두 개의 종합이 필요하다. 첫째, 인간은 영psychical, 혼과 육physical의 종합이다. 그러나 제3요소에 의해 통합되지 않는다면, 종합은 생각될 수 없다. 제3요소는 정신spirit[132]이다.[133] 둘째, 인간은 시간the temporal과 영원the eternal의 종합이다. 이 종합은 첫 번째의 것과는 다르게 형성된다. 전자의 요소는 영과 육이며 제3요소는 정신이므로, 정신이 정립될 때만 종합을 말할 수 있다. 그러나 후자는 두 요소뿐이다. 시간과 영원이다. 그렇다면 제3요소는 어디에 있을까? 제3요소가 없다면 종합은 없을 것이다.[134] 그의 설명에 따르면 제 삼 요소는 순간이다.[135]

그러나 시간과 영원의 종합이 다른 순간이 아니라 첫 번째 종합의

---

130 키에르케고어는 신(God) 앞에 정관사 "the"를 추가하여 일반적인 의미에서의 신과 구별하려 하였다. 이런 특이한 표현을 사용한 이유는 그리스적인 신과는 달리, "순간 속의 영원"을 강조하기 위한 것처럼 보인다.

131 Søren Kierkegaard, *Philosophical Fragments*, trans. David F. Swenson (Princeton: Princeton University Press, 1963), x.

132 일반적으로 "정신"으로 번역하고 있으나 기독교적인 개념으로 볼 때는 "영"이다.

133 Søren Kierkegaard, *The Concept of Anxiety*, trans. Howard V. Hong and Edna H. Hong (Princeton: Princeton University press, 1980), 43

134 Ibid., 85.

135 Ibid., 87.

표현이다. 사람은 첫 번째 종합에 의해 정신에 의해 유지되는 영과 육의 종합이다. 정신이 정립되자마자 순간은 현존한다.[136] 이런 설명에 따르면 사람은 순간을 살아야 할 것처럼 보인다.

2) 역설과 반복

이미 밝혔다시피, 순간은 영원이 순간 속에 들어온 진리의 현존이다. 그러나 이것은 인간의 이해로는 생각할 수 없다. 어떻게 영원한 진리가 순간 속에 들어오는가? 영원의 원자인 순간은 이해(오성)의 힘으로는 파악될 수 없다. 키에르케고어에 의하면, 이런 이유로 순간과 마주하는 자는 언제나 실족한다.[137] 실족은 역설과 함께 생긴다. 실족이 생긴다면, 우리는 거기에서 다시 모든 것 주위를 맴돌고 있는 순간을 갖게 된다. 쉽게 말해서, 순간은 역설로만 나타난다.[138]

배우는 자는 이 순간에 의해 비진리가 된다. 자기자신을 알고 있었던 그는 자신에 대하여 혼란스러워지고 자기지식보다 이 순간에 의해 죄의식을 갖게 된다.[139] 소크라테스적으로 말하자면, 진리는 밖에 존재하는 것이 아니고 언제나 우리 안에 존재한다. 그래서 까먹은 진리를

---

136 Ibid., 88.

137 그의 실족에 대한 사상은 여러 저작에 드러나 있다. 대표적인 작품으로,『그리스도교 훈련』,『죽음에 이르는 병』,『철학의 부스러기』 등이 있다. 이 외에도 그의 강화집에 많은 부분에서 실족은 언제나 다른 형태로 나타난다.

138 Søren Kierkegaard, *Philosophical Fragments*, 51.

139 『스스로 판단하라』에 의하면, 바로 이 지점이 술 깬 정신이다.

생각나게 해주는 방식으로 진리를 찾는다. 따라서 그리스적인 방식으로 진리를 찾는다면, 언제나 과거로 돌아간다. 까먹은 진리를 생각나게 해주는 방식이어야 하니까. "상기recollection"라는 철학적 방법이 중요한 이유는 진리를 찾기 위해 과거로 돌아가야 하기 때문이다.

그러나 이 방법으로는 행복할 수 없다. 『반복』의 저자 콘스탄티우스에 의하면, 상기는 맞지 않는 버려진 의복이다. 혹은 순간에 결코 만족될 수 없는 아름다운 늙은 여자다. 반면 반복은 결코 싫증나지 않는 사랑스러운 아내다. 축복으로 만족시킬 수 있는 매일의 양식이다.[140] 기독교의 진리의 다른 점은 진리를 찾기 위해, 혹은 진리를 만나기 위해 과거로 가지 않는다는 점이다. 그리스적 열정은 상기에 집중된다면, 기독교의 열정은 언제나 순간에 집중된다.[141]

이런 식으로 이해한다면, 순간은 뒤로 가는 운동이 아니라 앞으로 가는 운동이다. 순간은 불변의 진리가 아니라, 운동하는 진리이고 하나의 생성이다. 그러나 순간을 "생성"하는 것, 혹은 순간을 살아내는 것이 어려운 이유는 순간은 언제나 모순이나 역설로만 다가오기 때문이다. 이것을 조금 더 복음적으로 말하자면, "십자가의 실족"으로 이해해야 한다. 십자가는 언제나 "거치는 것"(갈 5:11)이었다.

이런 키에르케고어의 설명에 따르면, 기독교가 타락한 이유는 역

---

140   Søren Kierkegaard, *Fear And Trembling/Repetition*, trans. Howard V. Hong and Edna H. Hong (Princeton: Princeton University press, 1983), 132.

141   Søren Kierkegaard, *Philosophical Fragments*, 21.

설로 다가와야 하는 순간에서 역설 혹은 실족을 제거한 결과다. 그러나 십자가의 "거치는 것"이 제거되어서는 안 된다. 순간은 역설로 남아야 하며, 역설을 넘어 이해에 도달하기 위해서는 믿음이 필요하다. 그는 십자가의 실족이 제거되는 것을 염려하며 다음과 같이 말한다.

기독교에서의 실족의 가능성을 제거하고, 속죄에서 고민하는 양심의 싸움을 제거한다면, 그때는 교회의 문을 닫거나(빠르면 빠를수록 좋다), 교회를 온종일 문을 열고 영업을 하는 오락장으로 전환시키는 것이 좋다! 실족의 가능성을 제거해버림으로써, 사람들은 전체 세계를 기독교화 했음에도 불구하고, 이상한 현상이 일어나고 있다. 즉, 세상은 진정한 그리스도인에게는 언제나 실족하고 있다...일찍이 옛날에는 세상이 기독교에 실족하였다. 지금은 세상이 스스로 기독교적이라고 착각하여 실족의 가능성이란 관심도 없고 스스로 자신을 기독교로 조작하고 이제와서 진정한 그리스도인에게 실족한다. 흘러가듯이 달리는 붓과 무사분주한 혀에 화가 있으리라! 부산스러운 이런 모든 것에 화가 있으리라![142]

아마 기독교 세계에서 십자가의 실족을 제거하는 것이 기독교를 얼마나 타락시키는 결과를 낳는지 이렇게까지 고민한 사람은 많지 않을 것이다. 그가 생각한 순간은 명확히 진리의 성육신이고, 예수 그

---

142 Søren Kierkegaard, 『사랑의 역사』 임춘갑 역 (서울: 다산글방, 2005), 351.

리스도의 십자가 사건과 연결될 수밖에 없다.

여기에서 순간은 두 가지로 구분할 필요가 있다. 순간을 만나는 문제와 순간을 살아내는 문제이다. 우리는 이 순간을 어떻게 만날 수 있을까? 이 순간을 만나자마자 어떤 일이 벌어지는가? 키에르케고어는 이 질문에 대하여 강화집discourses에서 일종의 해답 같은 면을 제한다. 먼저 그가 말하는 순간은 일종의 종교적 경험인 것처럼 보인다. 회개와 거듭남이 없이는 순간을 만날 수 없기 때문이다. 태어나지 않은 사람이 태어남을 생각할 수 없는 것처럼, 거듭나지 않은 사람이 거듭남을 생각할 수 없다.

다시 말해, 순간을 만나는 사람은 거듭난 사람이어야 하고, 거듭난 사람을 거듭나지 않은 사람이 이해할 수 없다. [143]이런 면에서 진리의 이해는 언제나 초월적이다. 뿐만 아니라, 이 순간은 역설이기에 믿음이 필요하다.

『철학의 부스러기』처럼 강화집에서도 배우는 자에게 "교사"가 등장한다. 들의 백합화와 공중의 새다. 우리는 그들을 보면서 순간을 만나는 법을 배울 수 있다. 그것은 침묵이다. 순간은 아무리 풍부한 의미를 잉태하고 있을지라도, 자신의 도착을 알리기 위해 미리 사자를 보내지 않는다. [144] 그에 의하면, 말을 하고 있는 동안에 순간이 언제 와

---

143 이 부분에 대하여 전반적인 논의를 하는 곳이 있다. 다음을 참고하라. Søren Kierkegaard, *Philosophical Fragments*, 14-22.

144 Søren Kierkegaard, *Without Authority*, trans. Howard V. Hong and Edna H. Hong (Princeton: Princeton

서 순간은 어디로 가는지 알 수 없다는 것이다. 순간은 그만큼 갑자기 왔다가 갑자기 사라진다. 따라서 순간을 만나기 위해서는 침묵이 요구된다.

하나님을 두려워하는 일이 지혜의 시작이라면(잠 9:10), 침묵은 하나님을 두려워하는 일의 시작이다. 곧 침묵은 지혜의 시작이다. 인간이 동물보다 더 우월하다는 것은 말할 수 있다는 데 있다. 그러나 하나님과의 관계에서, 말하기를 바라는 것은 인간의 타락일 수 있다. 두려우신 하나님을 만날 때 인간은 말을 잃어버린다. 그때 침묵은 곧 기도다. 기도하는 자가 많은 말을 할지라도 점점 더 기도가 깊어지면 말을 상실한다.[145]

이런 키에르케고어의 순간에 대한 전략은 후기 작품으로 갈수록 더욱 구체화된다. 대표적인 작품으로 『다양한 정신의 건덕적 강화』 제1부에 나와 있는 후회와 회개의 운동이다. 『철학의 부스러기』에서는 순간을 만나기 위한 회심과 회개의 단순한 관계를 논했다면, 이 강화는 후회와 회개의 구체적인 운동을 설명한다.[146] 후회와 회개는 순간을 만난 그리스도인들의 끊임없는 운동이 되어야 한다. 나무의 나이가 나무의 나이테에 의해 알려진다면, 그리스도인의 영적인 나이는

University press, 1997), 14.

145 Ibid., 11.

146 이 부분에 대하여는 다음을 참고하라. Søren Kierkegaard, *Upbuilding Discourses in Various Spirits*, trans. Howard V. Hong and Edna H. Hong (Princeton: Princeton University press, 1993), 8-24.

후회와 회개의 나이테에 의해 알려진다.[147]

순간을 만나는 문제가 후회와 회개의 운동과 관련이 있다면, 순간을 살아내는 문제는 반복과 관련이 있다. 실재reality 자체는 반복이 없다. 이것은 모든 것이 다르기 때문이 아니다. 세상에 있는 모든 것들이 동일하다면, 실재에는 반복이 없다. 실재는 순간 속에만 있으니까. 이상ideality만으로도 반복이 없다. 이상은 존재하고 동일하게 남아 있을 뿐이니까. 이상과 실재가 서로 접촉할 때 반복은 일어난다.[148]

그리스도인의 이상은 예수 그리스도이시다. 또한 그분은 진리이시고 길이시다. 실재는 그분과 동일한 길을 가야 하는 우리의 실존이다. 따라서 키에르케고어가 말하려는 제자도를 한마디로 요약한다면, 예수 그리스도께서 가신 길을 동일하게 걷는 길일 것이다. 이런 의미에서 반복은 단순한 복제가 아니라 새로운 생성이다.

『그리스도교 훈련』은 이런 새로운 생성과 실족을 다루고 있다. 전반부에서 실족을 먼저 다루고 있고, 후반부는 생성으로서의 "길"이다. 그리스도는 먼저 가셨고, 쉬고 계시는 것이 아니라 그분을 따르는 제자를 이끄는 일을 하신다는 것이다.(요12:32)[149] 한마디로 『그리스도교 훈련』의 후반부는 요한복음 12장 32절에 대한 변증이다. 뿐만 아니라

---

147 Ibid., 18.

148 Søren Kierkegaard, *Fear And Trembling/Repetition*, 275. 다음을 참고하라. -*Pap*. IV B 1, p. 149-50 *n.d.*, 1842-43.

149 이 부분에 대하여는 다음을 참고하라. Søren Kierkegaard, *Practice in christianity*, trans. Howard V. Hong and Edna H. Hong (Princeton: Princeton University press, 1991), 151-6.

그리스도는 제자들이 순간을 살아내야 하는 반복의 모범이시다.[150] 그리스도가 길이시라면, 이 길은 수단이 아니라 목적이 되어야 한다. 따라서 길을 걷는 것이 목적이라면, 이것은 현재적 삶이다.[151]

3) 모범과 제자

『그리스교 훈련』이 길의 본질에 대하여 다루고 있다면, 『자기 시험을 위하여』는 그리스도가 길이라고 말할 때 길의 "내용"이다.[152] 예수 그리스도가 길일 때 어떤 의미에서 길이고, 그분이 얼마나 좁은 길을 가셨는지 다루고 있다. 이 작품은 순간보다 "길"에 집중한다. 이 길은 인간이 상상할 수 없을 만큼 좁다.

『스스로 판단하라』는 이 모범이 인간이 닮기에 얼마나 불가능한 모범인지 더 구체적으로 밝힌다. 이 모범은 인간이 흉내 낼 수 없고, 절대적으로 실현 불가능하다. 예수 그리스도는 이 땅에서 단 한 주인만을 섬긴 유일한 모범이다. 사람들 중에는 이와 같은 모범이 없다.[153] 문제는 복음은 이런 부족한 인간들에게 한 주인을 섬기라고 말하는 것이다. 역사 이래로 누구도 한 주인을 섬긴 사람은 없다. 그러나 복음

150 이 부분에 대하여는 Søren Kierkegaard, *For Self-Examination/Judge For Yourself*, trans. Howard V. Hong and Edna H. Hong (Princeton: Princeton University press, 1990), 57-70쪽에 나와 있는 "그리스도는 길이시다"를 참고하라.

151 Søren Kierkegaard, *Practice in christianity*, 201-232쪽을 참고하라.

152 For Self-Examination, 2부 "그리스도는 길이시다"를 참고하라.

153 Søren Kierkegaard, *For Self-Examination/Judge For Yourself*, 150-3. 『스스로 판단하라』 이창우 역 (서울: 샘솟는기쁨, 2017), 97-101.

은 이 요구조건을 제시한다. 인간은 지킬 수 없는 불가능한 복음이다.
이 복음 앞에 실족한 정신은 다음과 같이 말한다.

"이것은 우리에게 너무 높아. 우리에게 이런 것을 요구하다니. 정말로 잔
인하다. 이 복음을 '좋은 소식'이라고 부르다니, 이 세상의 어떤 것도 작은
권리로 이런 주장을 하지 않는다. 이런 웃고 있는 잔인함에 남느니 차라리
융통성 없는 가혹함을 지닌 율법에 남자. 가능하다면, 이 조건은 율법의
조건보다 훨씬 더 어렵다. 이것이 좋은 소식이라니!"[154]

예수 그리스도는 실족의 표징이다. 어떤 역사도 역사 안의 예수 그
리스도를 논증할 수 없다.[155] 다시 말해, 모범 앞에서는 언제나 실족과
마주하게 된다. 기독교의 타락은 실족을 제거하고, 이 모범을 인간이
따라갈 수 있는 수준으로 낮추는 것이다. 인간이 이해할 수 있는 범주
로 살짝 바꾸어놓은 것이다. 한마디로 인간의 이성은 이 복음의 요구
조건을 부드럽게 만들어야 한다는 것이다. 기독교를 상식 선에 이해
할 수 있는 범주로 바꾸어야 한다는 것이다.[156] 안티 클리마쿠스에 의
하면, 실족은 모든 사변에 대항할 수 있는 기독교의 무기다.[157] 사람이

---

154 Søren Kierkegaard, 『스스로 판단하라』, 100.

155 Søren Kierkegaard, 『그리스도교 훈련』 임춘갑 역 (서울: 다산글방, 2005), 37-9.

156 Søren Kierkegaard, 『스스로 판단하라』, 105-6.

157 Søren Kierkegaard, *The Sickness onto Death*, trans. Howard V. Hong and Edna H. Hong (Princeton: Princeton University press, 1980), 83.

기독교에 실족하는 이유는 요구조건이 너무 높기 때문이다. 그 목표
는 인간의 목표가 아니다.[158]

『자기 시험을 위하여』 2부가 그리스도께서 가셨던 좁은 길에 대한
구체적 내용을 담고 있다면,『스스로 판단하라』의 2부는 모범이신 예
수 그리스도는 인간의 능력으로는 불가능한 모범임을 제시한다. 이
불가능한 모범을 인간의 능력으로 가능한 정도로 수정하는 것이 복
음의 변질이다. 예수 그리스도의 모범은 "불가능한 상태"로 남아 있
어야 한다. 왜 그래야 하는가? 키에르케고어의 전략은 치밀하다.

불가능한 상태로 있을 때만 은혜 안에서 쉼을 얻고 은혜 안에서 기
뻐할 수 있기 때문이다.[159] 이런 전략은『그리스도교 훈련』과 그 관점
이 같다.『그리스도교 훈련』서문에 보면 다음과 같다.

1848년에 쓴 이 작은 책에서, 익명의 저자는 그리스도인이 되기 위한 요
구조건을 최고의 이상까지 강화시켰다.

그러나 이 요구조건은 언급되어야 하고, 제시되어야 하고, 들려져야 한다.
기독교적인 관점에서, 이 요구조건에 대한 어떤 축소도, 어떤 억압도 있지
말아야 한다. 오히려, 개인적인 인정과 고백이 있어야 한다.

이 요구조건은 들려져야 한다. 그리고 나는 이 요구조건을 홀로 나에게 말

---

158   Ibid.
159   Søren Kierkegaard,『스스로 판단하라』, 103.

한 것으로 이해한다. 그리하여 나는 "은혜Grace"에 의지하는 법을 배울 뿐만 아니라, 은혜의 활용과 관련하여 은혜에 의지하는 법을 배운다.[160]

이런 점에서, 불가능한 모범을 제시하는 이유는 겸손과 은혜 안에서 쉼을 얻기 위함이다. 이런 의도가 분명하게 드러난 곳이 『스스로 판단하라』일 것이다. 그러나 불가능한 모범 앞에서 실족을 극복하지 않는 한, 그분의 제자가 될 수 없고 그분의 길을 갈 수 없다. 다시 말해 반복은 불가능하다. 반복이 가능하기 위해서는 실족을 넘어서야 한다.

문제는 실족을 극복하고 그리스도의 제자가 되어 그분을 본받는 자가 된다고 하더라도 불가능한 모범을 따른다는 것은 너무 잔인하다. 복음은 "기쁜 소식"인데, 이 모범을 따른다는 것이 기쁜 소식이 될 수 없다. 물론 다른 강화에 비교해 볼 때 『스스로 판단하라』는 기쁨에 대한 많은 정보는 제공하고 있지 않을지라도 어째서 그분의 제자가 되는 것이 기쁜 소식인지, 복음의 관대함은 어디에 있는지 설명한다.

전환점은 들의 백합과 공중의 새다. 이 모범을 따르는 것이 불가능한 인간들을 위해 그리스도는 자신을 본받으라고 말하는 대신 들의 백합과 공중의 새를 제시함으로써 또 하나의 모범을 제시했다는 것이다.[161] 바로 이것이 복음의 관대함이요, 예수 그리스도의 관대함이

---

160   Søren Kierkegaard, *Practice in christianity*, 7.

161   Søren Kierkegaard, 『스스로 판단하라』, 148.

다. 주님은 자신을 본받으라고 요구한 것이 아니라 들의 백합과 공중의 새처럼만 살면 그리스도인이라는 것이다.

들의 백합과 공중의 새와 같은 삶의 핵심은 순간이다. "오늘"을 사는 것이다.[162] 다시 말해, 그분의 길을 따라가는 데 실패했을지라도, 아직 이 길을 걷는 데 단 한 발짝도 내딛지 못했을지라도 "오늘"을 살고 있는 그리스도인이 있다면, 그는 그분의 제자라는 것이다. 바로 이것이 복음의 관대함이다. 잘못된 관대함은 불가능한 모범을 인간이 따를 수 있는 가능성으로 약간 바꾼다. 그러나 복음의 관대함은 다른 모범을 제시한다.

그러나 전기 작품의 의도대로 평가한다면, 새와 백합의 모범과 그리스도의 모범의 차이는 실존의 3단계 중에 종교성 A와 종교성 B로 분리되는 것처럼 보인다. 『스스로 판단하라』에서 키에르케고어의 설명에 따르면, 새와 백합의 모범과 그리스도의 모범에 차이는 "본받음"이다. 새와 백합의 모범에는 모범을 본받기 위한 "고난"이 부재하고, 그리스도의 모범에는 모범을 따르기 위한 "고난"은 언제나 필연이다.[163]

인간은 고난을 싫어한다. 인간의 이해로는 이 길을 갈 수 없다. 따

---

162 "오늘"을 사는 법을 들의 백합과 공중의 새에게서 배운다. 오늘을 산다는 것은 영원을 경험하는 일이다. 다시 말해, 오늘을 사는 것은 영원을 얻는 일이다. 다음 자료를 참고하라. Søren Kierkegaard, *Christian Discourses/The Crisis and a Crisis in the Life of an Actress*, trans. Howard V. Hong and Edna H. Hong (Princeton: Princeton University press, 1997), 70-80.

163 Søren Kierkegaard, 『스스로 판단하라』, 164.

라서 이 길은 역설로 다가올 수밖에 없고, 역설 속에서만 그리스도의
제자가 될 수 있다. 여기에서 정상과 비정상은 전복된다. 세상에서 술
깬 상태는 그리스도 안에서는 술 취한 상태가 되고, 세상에서 술 취한
상태는 그리스도 안에서는 술 깬 상태가 된다. 이것은 일종의 관점의
전복이다. 이 두 관점은 영원히 섞일 수 없다. 그럼에도 불구하고 이
두 관점을 혼합하는 순간, 기독교는 변질된다.[164]

이 지점에서 무엇보다 중요한 것은 성령의 역할이다. 성령은 무엇
보다 술 깨게 한다. 아니, 무엇보다 중요한 것은 우리가 술 깰 수 있도
록 성령의 도움을 요청하는 것이다.[165] 정상과 비정상의 관점이 뒤바
뀌지 않는 한, 주님의 제자가 되는 것은 불가능하다. 하물며 모범이신
그리스도의 길을 따라가는 것은 가능하겠는가.

4) 성령

『자기 시험을 위하여』와 『스스로 판단하라』에 나오는 성령의 역할
을 한마디로 요약하면, 죽음, 생명, 술 깸이다. 『자기 시험을 위하여』 2
부가 사도행전 1장과 관련이 있다면, 3부는 사도행전 2장에 관한 이야
기이며 성령에 관한 이야기를 담고 있다. 생명을 살리는 영은 오신다.
그러나 무엇보다 오시기 전에 죽음을 요구하신다. 이 죽음은 육체의

---

164 Ibid., 65. 이 부분은 일종의 관점의 혼합을 비판한 것이다.
165 Ibid., 15. 기도문을 참고하라. 키에르케고어는 기도한다. "성령님이여, 무엇보다 우리가 술 깨게 하소
     서!"

죽음이 아니라 세상에 대하여 죽는 것이다. 그러나 이 죽음은 육체의 죽음보다 더 끔찍하다. 아브라함의 "아케다 사건"이 그 예이다.[166]

세상에 대하여 죽을 때 곧 자기자신이 이기심에 대하여 죽을 때 어떤 일이 벌어지는가? 세상은 이기심을 통해서만 인간을 지배한다. 이기심만큼 인간을 확고하게 붙들고 있는 것은 없다. 그리스도인이 이기심에 대하여 죽는다면, 세상은 그리스도인을 지배할 수 없다. 그런 방식으로 그리스도인은 세상을 이긴다.[167] 이것은 아마도 키에르케고어가 말하고 싶은 참된 "주체"가 되는 삶일 것이다.

『죽음에 이르는 병』의 서문을 보면, 이 병의 치료는 세상에 대하여 죽는 것이라고 말한다.[168] 『자기 시험을 위하여』에 의하면, 먼저 세상에 대하여 죽을 때만 성령님은 오신다. 제자가 되기 위해 절망은 피할 수 없다. 절망은 양의적이다. 절망은 최악의 상황이기도 하지만 하나님의 선물이기도 하다.[169] 절망하지 않고 그리스도인이 될 수 없고, 오직 절망을 통해서만 그리스도인이 될 수 있기 때문이다. 절망은 정신영, spirit의 자격이고 영원과의 관계이기 때문이다.[170]

키에르케고어의 작품과 일기는 죽음, 정신(영) 그리고 기독교와의 친밀한 관계를 암시하고 있다. 그의 일기는 명확한 설명을 제공한다.

166 Søren Kierkegaard, *For Self-Examination/Judge For Yourself*, 79.
167 Ibid., 77.
168 Søren Kierkegaard, *The Sickness onto Death*, 6.
169 Ibid., 26.
170 Ibid., 24.

그는 일기에서 그리스도인이 되는 것은 정신(영)이 되는 것이라고 선
포한다JP, 4:4363. 게다가 정신으로 사는 것은 죽은 자처럼 사는 것이다
JP, 4:4360. 그럼에도 불구하고 그리스도인으로 사는 것은 죽는 것 그 이
상이다.[171] 그리스도인은 날마다 죽어야 한다. 이런 의미에서 자기를
부인하는 것은 죽는 것보다 어렵다.[172]

그리스도인은 세상을 얻기 위해 싸우지 않는다. 그리스도인은 세상
을 이기기 위해 싸운다. 이때 그리스도인은 세상에 대하여 죽음으로
써 세상을 이긴다. 세상에 대하여 죽을 때 성령님이 오시고 세 가지의
선물을 가져 오신다. 이 선물은 믿음, 소망, 사랑이다.[173] 키에르케고어
사상에서는 전통적으로 생각했던 믿음, 소망, 사랑에 대한 개념은 전
복된다. 이 중요한 기독교 개념들은 인간의 이해가 생각해낼 수 없다.

순서는 중요하다. 먼저, 본받음을 통해 세상에 대하여 죽고 난 후,
생명과 정신(영)을 주는 성령이 오신다. 오직 그리스도를 본받기 위
해 노력하지 않는 한, 정신이 될 수 없다. 그러나 본질적으로는 성령
께 정신을 받음으로써 정신이 된다.[174] 생명과 정신을 지니게 됨으로써
특별하게 받게 되는 선물이 믿음, 소망, 사랑이다.

---

171 Paul Martens, "The Emergence of the Holy Spirit in Kierkegaard's Thought: Critical Theological
      Developments in For Self-Examination and Judge for Yourself!," 204-5.

172 이 부분은 『다양한 정신의 건덕적 강화』 3부 1장을 참고하라.

173 Søren Kierkegaard, *For Self-Examination/Judge For Yourself!*, 81-87.

174 Paul Martens, "The Emergence of the Holy Spirit in Kierkegaard's Thought: Critical Theological
      Developments in For Self-Examination and Judge for Yourself!," 205.

첫째, 믿음은 언제나 이해(오성)의 반대편에 있다. 안티 클리마쿠스의 설명에 의하면, "믿는다는 것은 하나님을 얻기 위해 이해를 상실하는 것"이다.[175] 그렇다면 믿음이 하는 역할은 분명하다. 모든 인간적 확신과 모든 인간적 야심과 가능성을 제거한다. 모든 확률이 제거될 때 하나님으로부터의 즉각적인 도움이 제거될 때 믿음은 바로 선다. 다시 말해, 모든 인간적인 확신과 가능성에 대하여 죽을 때만 성령은 믿음을 준다.[176] 이 믿음은 인간적인 이해를 초월한 하나의 승리다.

둘째, 믿음과 동시에 발생하는 선물로서 소망은 소망 없는 소망, 소망에 반한 소망이다.[177] 이 선물 역시 모든 인간적인 소망들에 대하여 죽었을 때에만 성령이 주시는 선물이다. 키에르케고어는 말한다. "거기에는 소망이 없다. 이것을 강조하는 것은 나에게 중요하다. 명확히 이로부터 성령인 내가 소망이 있다는 것을 보여줄 것이기 때문이다. 이 소망은 소방에 반한 소망이다."[178]

셋째, 성령이 주는 가장 중요한 선물로, 사랑이다. 아마 이 사랑은 세상의 사랑이라고 부르는 모든 착각을 깨기 위한 사랑처럼 보인다. 어떤 의미에서 기독교의 사랑은 이기심에 대하여, 세상에 대하여, 열정에 대하여, 특별히 낭만적 사랑에 대하여 죽었다. 키에르케고어에

---

175 Søren Kierkegaard, The Sickness onto Death, 38.

176 Søren Kierkegaard, For Self-Examination/Judge For Yourself!, 81-82.

177 아마도 이 부분은 로마서 4:18절과 연관이 있는 것처럼 보인다.

178 Søren Kierkegaard, For Self-Examination/Judge For Yourself!, 83. 이 부분에 대하여 더 자세한 논의를 하고 있는 책이 있다. 『사랑의 역사』 2부 3장 "사랑은 모든 것을 소망한다"를 보라.

의하면, 기독교의 사랑은 사도들에 배웠던 것과 같은 방식으로만 배
울 수 있다. 그들은 미움받고, 조롱받고, 핍박받았으며 그리스도의 죽
음으로 홀로 남겨졌다. 이런 식으로 그들은 세상에 대하여 죽었고, 이
세상에서 사랑받지 못했고 세상에서 버려진 자처럼 있었다. 바로 그
때 생명을 주는 영이 그들에게 왔고, 바로 이 사건이 사도행전 2장의
성령강림 사건이다.[179]

　요약하면, 인간은 그리스도의 모범을 닮을 수 없다. 이 길을 갈 수
도 없다. 어쩌면 발견할 수조차 없다. 그분의 제자가 되기 위해서는
성령의 도움이 필요하다. 관점의 전복을 위해서도 성령의 도움이 필
요하다. 그러나 무엇보다 먼저 세상에 대하여 죽지 않는 한, 이런 일
은 일어날 수 없다.

　헤겔의 변증법이 정신의 "긍정의 변증법"이라면, 키에르케고어의
정신은 "부정의 변증법", "예외의 변증법"이다. 헤겔적인 의미에서, 긍
정의 변증법으로 온 세상을 얻을 수도 있다. 아니, 온 세상을 정복하
는 데에 관심이 많다. 그러나 부정의 변증법에서는 온 세상을 다 정복
한다고 해도 정작 자기자신을 정복하는 데 실패했다면 참된 승리일
수 없다. 따라서 부정의 변증법에서는 자기를 극복하는 데 더 관심이
많다.

　키에르케고어에게서 진정한 "자기", "주체"가 되는 길은 오직 하나

179　Ibid., 85.

다. 그리스도의 제자가 되는 길이다. 오직 이 길만이 자기가 되는 길이고, 염려와 절망을 극복하는 길이다. 제자는 순간을 산다. 순간을 살아냄으로써 영원을 얻는다. 반복은 가능한가 묻는다면, 오직 제자의 삶을 살아냄으로써 가능하다.

3. 결론

달라스 윌라드가 『잊혀진 제자도』에서 제자도가 생략된 그리스도인들, 그리스도인이기를 원하지만 제자가 되기를 원치 않는 부류들을 "흡혈귀 그리스도인"이라고 비판했다면,[180] 키에르케고어에게서 그리스도인이라고 말하지만 본받음에 관심이 없는 사람들은 아예 그리스도인이 아니다.[181] 그의 관점에서 볼 때 그 정도로 그리스도인의 숫자는 적다. 그는 "이 세상에서 믿음을 보겠는가!(눅 18:8)" 탄식한다. 그럼에도 불구하고 희한하게 그 당시 온 나라는 "기독교화" 되었고 모든 사람은 그리스도인이 되었다!

오늘날 한국 교회도 비슷한 현상은 발생하고 있다. 이상한 영성운

---

180 Dallas Willard, *The Great Omission* (New York: HarperCollins, 2006), 14.

181 키에르케고어의 주장에 따르면, 기독교에 대해 무언가를 듣고, 읽고, 생각한다고 해서 그리스도인이 되는 것이 아니다. 어떤 곤경이나 상황이 필요하다. "결정적 행동"을 감행할 수 있는 상황이다. 그때 "그리스도인"이라는 증거는 선행하는 것이 아니라 따라온다. 그 증거는 그리스도를 닮으려는 본받음에 있다. 다음을 참고하라. Søren Kierkegaard, 『스스로 판단하라』, 171-2.

동을 하는 사람들은 신통한 영적 능력을 원한다. 예언을 하고 통변을 하며 병도 고친다. 온갖 기적을 다 행하고 사람들 앞에 서서 앞으로 벌어질 일들에 대하여 기막힌 통찰력을 갖고 있다. 그러나 정작 그분을 닮으려 하는 데 관심이 없다. 온갖 축복을 받는 비결은 다 알려주면서도 아무도 그리스도의 길을 가라고 독려하지 않는다. 예수 믿으면 영원한 생명을 얻을 수 있다고 강조하면서도 이 땅에서 이루어져야 할 하나님의 나라는 외면한다.

미국 속담에 "Nothing succeeds like success"라는 말이 있다. '인기는 인기를 부르고 성공만큼 성공을 불러오는 것은 없다'는 뜻이다. 그러나 기독교적인 의미에서 말하자면, 정반대로 말해야 할 것이다. "Nothing fails like success"이다. 다시 말해, 성공만큼 실패하는 것은 없다. 표면적으로 한국 교회는 급성장을 했다. 성지순례를 가고, 수많은 영적은사도 받고, 정말 능력도 나타난다. 그러나 그리스도를 본받는 삶에는 아무런 관심이 없다. 지상명령이 제자 삼는 것인 반면, 교회에서 지상명령만큼 소외된 것도 없다.

그러나 그리스도인이라고 말하면서 단 한 번도 그분의 길을 가는 데 진지한 관심을 갖는 적이 없는 사람이 그리스도인인가? 다시 말해, 본받음이라는 행위 앞에서 두려워 떤 적이 없다면, 그는 그리스도인인가? 키에르케고어에 의하면, 그는 그리스도인이 아닐 가능성이 크다. 아니, 오히려 그는 그리스도인이라는 착각에 빠져 오히려 구원에서 가장 멀리 떨어져 있다. 그는 성경공부도 많이 한다. 그는 신학교 교수일 수도 있고, 목사 혹은 전도사일 수도 있다.

박식한 그리스도인, 그는 세상에 영향을 끼칠 수도 있다. 그를 통해 수많은 사람들이 구원받을 수도 있다. 그러나 정작 그는 자기자신을 구원할 수 없다. 위대한 복음을 선포한 그가, 자기자신은 복음 앞에서 행위 앞에 두려워 떤 적이 없기 때문이다. 두려워 떨기는커녕, 자신의 영향력이 커지는 것을 즐기고 있고 그리스도의 제자라기보다 자기의 제자를 키우는 데에 더 관심이 많다.

사람이 사랑에 빠졌는지 아닌지는 금방 알 수 있다. 사랑에 빠진 자는 언제나 그 마음이 요동치고 있으니까. 믿음은 "확신"이 중요한 것이 아니라, "요동침"이다. 마치 사랑에 빠진 자처럼 그리스도의 사랑을 만난 자는 그 믿음 가운데 요동칠 수밖에 없다는 것이다. 즉, 진정한 믿음은 본받음 앞에서 요동치는 일이 일어날 수밖에 없다.[182]

그러나 말씀에 대한 수많은 지식을 갖고 있으면서 본받음에 대하여, 행함에 대하여 두려워 떨지 않는 자, 그는 그리스도인이 아니다. 그의 사랑은 가짜다. 그는 무늬만 그리스도인인 것이다. 따라서 이런 자는 이방인보다 구원으로부터 더 멀리 서 있게 된다. 자신이 그리스도인으로 착각하고 있기 때문에 진실한 그리스도인이 되기에 더 어렵다.

오늘날 한국 교회는 어떠한가? 우리는 얼마나 그리스도인으로서

---

182   Søren Kierkegaard, *For Self-Examination/Judge For Yourself*, 17-19.

제자의 삶을 살기 위해 분투하는가? 우리는 얼마나 그분을 닮기 위해 울부짖으며 기도했는가? 혹은 울부짖기는커녕 여전히 제자로서 그분이 가신 길을 걷는 것은 아무 관심도 없는가? 우리는 흡혈귀 그리스도인은 아닌가? 우리의 구원은 정말로 가까이 있는 것인가?

해제 2

자기해석학

이 책을 제대로 이해하기 위해 키에르케고어의 사상의 배경이 되는 키에르케고어 가명의 저자 안티 클리마쿠스, 요하네스 클리마쿠스 당시의 시대적인 배경을 알고 있어야 한다.

먼저 안티 클리마쿠스가 저자로 등장하는 사상서는 『죽음에 이르는 병』과 『그리스도교의 훈련』 두 권이다. 이 두 권은 기독교를 최고의 "이상"까지 끌어올린 가명의 작가이며, 이에 반해 요하네스 클리마쿠스는 『철학의 부스러기』를 쓴 가명의 저자다. 뿐만 아니라 『철학의 부스러기에 대한 결론의 비학문적 후서』의 저자이기도 하다. 『결론의 비학문적 후서』는 아직 국내에 번역되어 출간된 적이 없다.

키에르케고어가 내세운 가명의 저자는 나름대로 그 역할을 하고 있다. 물론 그의 의견은 아니다. 따라서 이 같은 가명의 저자의 책을 읽으면서 키에르케고어의 의견이라고 생각한다면, 큰 오류를 범할 수 있다. 가명의 저자는 나름대로의 생각을 전달하고 있을 뿐이다. 그의 의견은 그의 이름으로 낸 강화discourse 속에 있으며, 설교라 부르지 않고, 강화, 곧 "이야기" 정도로 부르길 바랐다.

안티 클리마쿠스와 요하네스 클리마쿠스는 밀접한 관계가 있다. 먼저 접두어 "안티Anti"라는 말은 영어에서 "반대하는against"이란 뜻이 아니라 "~전에ante, before"라는 뜻의 옛날 형식이다. 영어에 이런 잔재가 남아 있는데, 그 중에 하나가 "기대하다anticipate"라는 단어이다. 따라서 안티 클리마쿠스에 부정적인 의미가 없다는 것을 명심하기 바란다. 이미 말했다시피 안티 클리마쿠스는 기독교의 최고의 이상을 제시한 저자라면, 요하네스 클리마쿠스는 그리스도인이 아니다.[183] 키에르케고어는 자기자신에 대하여 요하네스 클리마쿠스보다 높고 안티 클리마쿠스보다 낮다고 말했다.[184]

독자에게 기회가 있다면, 요하네스 클리마쿠스의 저서『철학의 부스러기』를 읽어 보라. 일단 글이 어렵고 철학적인 이야기를 하지만, 그가 기독교를 반대하지 않는다는 것을 알 수 있을 것이다. 이뿐 아니다. 그가 얼마나 학식이 풍부한지 그의 지식을 따라잡을 수 없다는 것을 고백할 것이다. 이뿐인가? 그가 쓴『비학문적 후서』는 얼마나 철학적인지, 지금까지 키에르케고어가 남긴 저서 중 이렇게 철학적이고

183 Søren Kierkegaard, *Concluding Unscientific Postscript to Philosophical Fragments* Trans. Howard V. Hong and Edna H. Hong (Princeton: Princeton University Press, 1992), 617.

184 *JP* VI 6433 (*Pap.* X¹ A 517). 또한 다음을 보라. *Letters, KW* XXV, Letter 213 (July 1849).

신학적 바탕을 두고 있는 책은 없다.

독자는 오히려 요하네스 클리마쿠스의 책을 읽고 그의 팬이 될지도 모른다. 그의 책이 어렵지만 그 지식에 감탄하게 될 테니까. 기독교를 반대하다니! 오히려 그는 기독교를 변호하는 저자처럼 보인다. 소크라테스와 기독교가 얼마나 다른지도 설명한다. 그런데 어찌 그가 그리스도인이 아닌가? 이 문제를 해결하기 위한 열쇠는 키에르케고어의 저서 『자기 시험을 위하여』에 있다.

1. 요하네스 클리마쿠스

오늘날 이런 요하네스 클리마쿠스 같은 사람들을 예로 든다면, 신학대학 교수, 목사, 전도사 등 말씀을 다루는 사람들일 것이다. 그들은 말씀을 분석한다. 말씀에 대한 박식한 지식을 습득한다. 그런 지식을 제공하고 수많은 사람들에게 찬사를 받는다. 그들은 말씀에 대한 "객관적 지식"이 풍부한 자들이다.

키에르케고어가 보았을 때 이 사람들 중에 그리스도인이 아닌 사람들이 있다. 더 엄밀하게 말해, 그리스도인이 아니면서 스스로 그리스도인이라는 착각에 빠져 있기에 이 사람들은 스스로 진리로 돌아오는 길이 막혀 있다. 누가 진리에서 가장 멀리 있는가? 진리 안에 존재하고 있지 않다고 애통하는 자인가, 아니면 진리 안에 있다고 착각하는 자인가?

　이런 박식한 자들이 말씀을 선포할 때 수많은 사람들이 예수를 믿고 돌아올 수도 있다. 그의 삶이 변화되고 새 삶을 살 수 있은 것도 그들의 말씀을 듣고 변화되었기 때문이다. 말씀에 대한 박식한 지식으로 수많은 사람들을 변화시킨다고 해도, 그가 그 말씀을 자기자신에게 적용하는 일에 실패했다면 결과는 어떨까? 저 말씀이 수많은 사람들을 변화시켜도 설교자 자신의 삶을 변화시킬 수 없다면, 그 결과는 얼마나 참담한가!

　어찌 보면, 요하네스 클리마쿠스는 이런 "박식한 무지"의 전형이다. 그는 많은 것을 알고 있지만 정작 자기자신에 대하여 모른다. 그는 말씀에 대하여 분석하고 많은 지식을 쌓았지만, 말씀 앞에서 진지하게 고민한 흔적이 없다. 말씀에 대한 "정보"만 얻었지 말씀이 자신을 변화시킬 수 있는 지점까지 이르지 못했다.

　엄밀하게 말하면, 이 책은 이런 요하네스 클리마쿠스와 같은 사람에 대한 "비판"의 메시지를 담고 있다. 그러나 키에르케고어에게 누군가를 비판하는 일은 쉽지 않다. 누군가를 비판하다 보면, 또 다시 다른 사람에게는 말씀의 엄밀한 잣대를 내밀지만 자기자신에게 적용하는 일에는 실패하기 때문이다. 이것은 한마디로 말해 말씀을 가장 사악하게 다루는 방식이다. 따라서 그는 말씀은 오직 자기자신에게 적용하라고 있는 것이지 다른 사람을 비판하는 데에 사용하지 말라는 것이다.

　이런 이유로 독자는 이 책을 활용하거나 다른 사람에게 적용할 때 "진지"하면 안 된다. 오직 자기자신에게 적용하도록 이 책을, 하나님의 말씀을 활용하라. 이 원칙을 어기고 또 다시 누군가를 비판하는 일을 시작한다면, 또 다시 참담한 일은 시작될 것이다. 먼저 이 부분을 실천할 수 있다면 다행이다. 이는 하나님의 말씀이 독자의 마음속에 살아 역사할 수 있도록 준비한 것이다.

　말씀을 자기자신에게만 적용하고 다른 사람을 비판하는 일에 사용하지 말라!

　그렇다면 하나님의 말씀은 누가 해석하는가? 독자가 하나님의 말씀을 해석하는가, 말씀이 독자를 해석하는가? 일반적으로 사람들은 말씀을 해석하는 주체는 자기자신이 되어야 한다고 생각한다. 물론 이런 주장은 어느 정도 맞는 말이다. 그러나 이 부분만 머무른다면 당신은 요하네스 클리마쿠스 같은 사람이다. 아마 말씀에 대한 박식한 지식을 얻을 수 있어도 하나님의 말씀이 당신을 변화시키는 데 도달하지는 못할 것이다.

　이 책은 이런 지점을 "거울을 관찰하는 일"과 "거울을 보는 일"로 나누어 설명한다. "거울을 관찰하기"는 객관적인 말씀에 대한 지식을 습득하는 일로 학문적인 성경읽기에 해당된다. "거울을 보는 일"은 엄밀하게 거울 속에 자기자신을 보는 일이므로 이 부분은 말씀을 자

기자신에게 적용하기에 해당된다. 그러나 이 문제는 일반적으로 말씀
을 읽고 자신의 삶에 적용하는 "큐티"하고는 다른 면이 있다. 일명 경
건의 시간이라고 부르기도 한다.

경건의 시간을 갖는 사람이 여전히 자신이 주체가 되어 말씀을 해
석하고 적용하고 실천적 의미를 찾는다면, 그는 거울을 보는 방식으
로 말씀을 해석한 것이 아니라 거울을 관찰하는 일에 빠져 있는 것과
같다. 말씀의 해석의 주체가 말씀이 되고, 경건의 시간을 갖는 자가
해석의 객체가 되지 않는 한, 그는 말씀 앞에 선 것이 아니다.

키에르케고어는 다음과 같이 말한다.

"대다수의 사람들은 자기자신에 대하여는 주관적이고 다른 모든
사람들에 대하여는 객관적이다. 때로는 끔찍하게 객관적이다. 그러나
진정한 과업은 자기자신에 대하여는 객관적이고 다른 모든 사람들에
대하여는 주관적이 되는 것이다."[185]

그렇다면 언제 자기자신에 대하여 객관적으로 바뀌는가? 언제 그
는 자기자신을 객관적으로 볼 수 있는가? 비유적으로 말해서 거울 앞
에 섰을 때이다. 거울 앞에 서면 그는 자기자신을 볼 수 있다. 거울 앞
에 서면 거울이 나를 비추어준다. 거울이 나를 제시하고, 나를 해석해
주는 것이다. 따라서 내가 거울 앞에 선다는 것은 나는 해석하는 입장

---

185   Søren Kierkegaard, *Works of Love* Trans. Howard Hong (New York: HarperCollins, 2009), xxi. 또는 다음을
       보라. *Papirer* VIII1 A 165(D676).

이라기보다 해석되는 입장이다. 다시 말해 나는 해석의 객체가 된다.

야고보 사도에 의하면, 하나님의 말씀은 거울과 같다. 이런 식으로 말하면, 이미 거울 사업은 실패했다. 대다수 사람들은 거울 속에 자기 자신을 보는 것이 아니라 거울만 관찰하고 있기 때문이다. 말씀을 객관적인 지식으로 습득하려는 요하네스 클리마쿠스 같은 사람들만 많기 때문이다.

키에르케고어가 살던 당시에는 헤겔 철학이 굉장한 영향을 끼쳤고, 합리적이고 객관적인 과학이 붐을 일으킬 무렵이었다. 이런 합리적이고 객관적인 방법론은 과학뿐만 아니라 철학, 역사, 신학 등 다양한 인문학적인 영역에도 영향을 끼쳤다. 키에르케고어가 말한 대로 이런 과학적 사고가 "시대정신"이었다. 한마디로 인간의 정신이 "의식의 바벨탑"을 쌓은 것이다. 의식의 바벨탑의 큰 그림을 보여준 사람이 헤겔이고 그 그림의 핵심이 "절대정신"이다.

헤겔은 『정신현상학』을 쓴 저자로도 유명하다. 이 책은 간단히 말해, 인간의 "의식"이 어떻게 절대정신으로 성장하는지를 보여주고 있다. "의식"의 성장과정이라는 것을 명심하라. 곤충이 알에서 애벌레, 번데기를 거쳐 성충으로 성장하는 것처럼, 의식도 자기의식, 이성을 거쳐 정신으로 성장한다는 것이다.

헤겔의 이 절대정신은 그 당시에 유럽 사회를 휩쓸고 있었던 주류 철학이었고, 시대정신이었다. 역사를 움직이는 힘이기도 했다. 그는 역사란 "절대정신의 자기실현 과정"이라고 보았으니까. 어떤 신학자

는 이 절대정신에 하나님을 넣어 하나님의 자기실현 과정으로 해석하기를 좋아하기도 했다.[186]

아마도 그 당시에 대표적인 신학의 운동 중의 하나가 신학적 자유주의의 태동일 것이다. 슐라이어마허가 그 출발점이다. 슐라이어마허가 1834년에 죽었고, 키에르케고어가 1813년에 태어나 1855년에 죽었으니 동시대 사람이나 다름이 없다. 슐라이어마허는 현대 자유주의 신학의 시조가 되는 사람이다.

자유주의 신학이란 무엇인가? 19세기에 유행했던 합리주의에 바탕을 둔 신학말고 다른 것이 있겠는가? 슐라이어마허 이후, 리츨, 하르낙, 벨하우젠이 주도적 역할을 했다. 이들은 기독교 성서해석의 권위를 성경보다 이성에 두었다. 한마디로 자유주의 신학의 뿌리는 슐라이어마허와 헤겔이다. 아마 이쯤 되면 독자들은 눈치챘는지도 모른다. 키에르케고어의 관점에서 보았을 때 이런 운동을 했던 사람들은 모두 요하네스 클리마쿠스 같은 사람들일 것이다.

그들은 말씀을 해부하고 분석한다. 그들이 바로 말씀을 실험실로 가져간 자들이었다. 그들의 입맛에 맞는 것은 채택하고, 그들의 합리적 이성에 거슬리는 것은 과감히 삭제한다. 게다가 성경이 어떤 역사적 맥락에 의해 영향을 받고 편집했는지 조사하기 시작한다. 바로 이

186　이 부분에서 대표적인 사람은 판넨베르그이다. 그는 "보편사"에서 하나님의 계시를 찾고자 했다.

런 운동이 오늘날 성서학 방법론으로 정착하였다.[187]

수많은 성서 연구 방법론들이 생겨나기 시작했다. 더불어 비평하는 방법도 늘어난다. 양식 비평, 본문 비평, 문학 비평, 사회과학적 비평 등 온갖 방법으로 성서를 해부한다. 상당히 개연성 있는 "추측"이 과학으로 찬사를 받는다. 엄청난 연구 성과라고 극찬을 하기도 한다. 어디에서는 예수님이 입었던 수의가 발견되었는데, 과학적으로 검토해보고 연대추정을 해본 결과, 예수님의 것이 맞다는 것이다. 사람들은 놀라움을 금치 못한다. 와, 대단하다! 하나님의 말씀은 사실이구나! 하나님은 계시는구나!

그러나 아무리 이런 연구들과 과학적 방법이 성장한다 해도, 그들이 아무리 성서 연구의 대가들이고 성경을 뒷받침할 증거들을 제시한다 해도, 아무리 그들이 감탄한다 해도, 그들은 키에르케고어가 말한 "어색한 입장"에 들어가지 못한다. 곧, 말씀 앞에서 두려워 떠는 곳에 이르지 못한다. 그들은 하나님의 말씀 앞에서 선 적도 없고, 거울 속에 자기자신을 본 적이 없으니까.

아마 키에르케고어는 그 당시에 앞으로 이런 세계, 말씀을 객관적으로 연구하고 해부하는 세계가 올 것을 예견한 것처럼 보인다. 이 책은 이런 운동을 주도하려는 자에 대한 비판이 깊숙한 곳에 내재해 있

---

187 Eta Linnermann, 『성경비평학은 과학인가 조작인가』 송 다니엘 역 (서울: 부흥과개혁사, 2010), 17-81을 참고하라.

다고 보면 된다.

그렇다면 성서를 올바로 다루는 방법은 무엇일까? 당신은 성서를 해석해야 할 입장이 아니라, 성서에 의해 해석되는 입장으로 돌아가라! 읽기와 읽기 사이를 구별하라. 거울만 관찰하지 말고 거울 속에 자신을 보라. 단, 오해하지는 말라. 거울이 깨끗하지 않으면 거울 속에 자신을 볼 수 없으므로 먼저 거울을 닦고 거울 속에 자신을 보라.

거울만 관찰하지 말고 거울 속에 자신을 보라!

2. 안티 클리마쿠스

요하네스 클리마쿠스를 한마디로 정의하면, 말씀에 대한 박식한 지식은 있으나 정작 자신이 누구인지 모르는 바보천치다. "박식한 무지"의 전형이다.

이에 반해, 안티 클리마쿠스는 "무지한 박식"의 전형이다. 그는 세상에 대하여는 별로 아는 바가 없지만, 자신이 어떤 존재인지를 깨닫고 두려워 떠는 자다. 이미 말한 대로, 그는 『죽음에 이르는 병』과 『그리스도교의 훈련』의 가명의 저자이기도 하다.

그는 철학, 신학, 과학, 역사 같은 지식을 총망라하며 어떤 굉장한 정보로 기독교를 옹호하지 않는다. 그는 그저 두려워 떨 뿐이다. 사람

앞에서가 아닌 하나님 앞에서. 그는 말한다. "사람 앞에서 두려워 떠
는 것은 참된 절망이 아니다. 진짜 절망은 하나님 앞에서 두려워 떠는
것이다!" 결국 그가 말한 죽음에 이르는 병은 절망이다. 안티 클리마
쿠스는 "객관적 지식"을 말하려 하는 것이 아니라, 절망이 무엇인지
를 규정하고 있고, 실족이 무엇인지 지속적으로 전달하고 있다. 아마
키에르케고어에 대한 오해가 여기에서 생겼으리라. 그는 불안, 절망,
실족, 고통과 같은 주제를 계속 말하고 있으니까.

이 부분은 키에르케고어에 대해 반만 알고 있고 반은 모르기 때문
이다. 뿐만 아니라, 이런 부정적 주제들은 그의 의견이 아니라 안티
클리마쿠스의 의견일 뿐이다.

안티 클리마쿠스는 기독교를 최고의 이상까지 끌어올리기 위해 설
정한 인물이다. 키에르케고어 자신도 안티 클리마쿠스 입장에 도달하
기 어렵다고 말하지 않았는가.

다시 안티 클리마쿠스의 생각을 따라가 보자. 보통 언제 절망하는
가? 세상 일이 잘 돌아가지 않을 때도, 사업에 실패했을 때도, 시험에
불합격했을 때도, 애인과 헤어질 때도, 사랑하는 사람이 죽을 때도 절
망할 수 있다. 그러나 안티 클리마쿠스는 이것이 본래적 절망이 아니
라는 것이다. 그가 말하려는 절망은 "하나님 앞에" 있을 때 느끼는 절
망이고 이것이 본래적 절망이라는 것이다.

그에 의하면, 이방인은 엄밀한 의미에서 죄를 지을 수 없다고 말한
다. 죄가 죄로 낱낱이 드러나기 위한 조건은 하나님 앞에 서는 것이

다.[188] 하나님 앞에 서 본 적이 없는 이방인은 죄가 죄인지도 모르는 무지의 상태다. 당연히 여기에서 규정하고 있는 죄는 인간이 규정한 "법적인 죄"가 아니다. 이런 점에서 죄의 반대는 미덕이 아니다. 죄의 반대는 믿음이다. 믿음을 따라 행하지 않는 모든 것인 죄니까.[189]

안티 클리마쿠스는 사람 앞에서 서지 말고 하나님 앞에 서기를 촉구한다. 사람이 만든 법이나 윤리적인 규정으로 인해 절망하지 말고 하나님 앞에서 절망하라는 것이다. 한마디로 『죽음에 이르는 병』은 절망의 변증법이다. 먼저 사람은 세상에 대하여 절망한다. 그래서 그가 대안으로 하나님을 찾고 하나님 앞에 서기를 바랄 수 있다. 그때 그는 더 큰 절망을 경험한다. 하나님과 자신 사이에 무한한 거리, 무한한 질적 차이가 놓여 있음을 깨닫는다. 바로 이것이 "죄의식"이다.

죄의식이 들어오면 절망은 더욱 강화된다. 그래서 안티 클리마쿠스는 『죽음에 이르는 병』 2부에서 죄란 하나님 앞에 서는 것이며, 죄란 "절망의 강화"라고 표현했던 것이다.[190] 사람 앞에서 절망하여 하나님 앞에 나왔더니 여기에서는 더 큰 절망이 있다. 법적인 용어를 빌리자면, 하나님 개념은 "가중처벌"이다.

이런 안티 클리마쿠스의 주장은 이 책에 있는 "거울 속에 자신을

---

188 Søren Kierkegaard, *The Sickness Unto Death*, Trans. Howard V. Hong and Edna H. Hong (Princeton: Princeton University Press, 1980), 80-1.

189 bid., 82. 로마서 14:23, "의심하고 먹는 자는 정죄되었나니 이는 믿음을 따라 하지 아니하였기 때문이라. 믿음을 따라 하지 아니하는 것은 다 죄니라."

190 Ibid., 77.

보는 행위"와 일맥상통한다. 거울 속에 자신을 본다는 것은 결국 하나님 앞에 서는 행위다. 그러나 이것은 진퇴양난이다. 뒤로도 갈 수 없고 앞으로도 갈 수 없다. 뒤로 가면 세상이고 앞으로 가면 하나님이다. 세상에 대하여 절망했기에 뒤로 갈 수 없고, 앞에서는 하나님 앞에서 절망했기에 앞으로 갈 수 없다.

그에 의하면, 이런 극한의 상황을 극복할 수 있는 방법은 오직 믿음뿐이라는 것이다. 이 책 서문에서 밝혔다시피, 이 병의 치료는 세상에 대하여 죽는 것이다.[191] 『자기 시험을 위하여』 3부에서는 세상에 대하여 죽는다는 것은 곧 이기심에 대하여 죽는 것이라고 말한다. 세상은 이기심을 통해서만 사람들을 지배한다. 세상을 움직이는 힘이 이기심이다. 그러나 이기심에 대하여 죽은 사람을 세상은 지배할 수 없다. 그리스도인은 이기심에 대하여 죽음으로 세상에 대하여 죽고, 그런 방식으로 세상을 이긴다.

따라서 안티 클리마쿠스가 『죽음에 이르는 병』에서 절망을 극복하기 위한 "믿음," 그로 인한 세상에 대한 죽음을 말했다면, 이 책은 믿음의 승리를 말하고 있다. 이 믿음이 세상을 어떻게 이기는지를 말하고 있다. 믿음은 세상을 얻기 위해 싸우지 않는다. 세상을 이기기 위해, 세상을 극복하기 위해 싸울 뿐이다.

이쯤 되면, 그동안 한국 교회가 무엇을 강조했는지 반성할 필요가

---

191 Ibid., 6.

있다. 교회가 세상에서 잘되는 법, 만사가 형통하는 법, 성공하는 법을 가르칠 때 이것은 세상을 얻기 위한 수단으로 주님의 십자가를 이용하려고 한 것은 아닌지 반문해 본다.

예전에 영화 〈밀양〉으로 세상이 떠들썩한 적이 있었다. 주인공은 범죄자가 하나님 앞에서 용서받았다는 이야기에 분개한다. 자신은 용서한 적이 없었는데, 그는 이미 하나님께 용서를 받는 것이다. 왜 많은 사람들은 이런 기독교에 분개하는가? 세상에서 온갖 죄는 다 짓고 세상은 용서한 적이 없는데, 그는 기도만 하고 나오면 죄 사함을 받는다. 여기에 근본적인 문제는 무엇인가?

그리스도인 중에는 사람은 두려워서 사람에게 죄 지은 것을 말하지 못하는 사람들이 있다. 누구에게도 죄를 낱낱이 고백할 수 없다. 그러나 그들 중에 대다수는 하나님께 죄를 고백하는 것은 굉장히 쉽다. 그들에게 하나님은 마치 친구와 같이 친하다. 모든 것을 품은 어머니와 같다. 그래서 그들은 아무리 많은 죄를 짓고 잘못을 저질러도 하나님께 잘못했다고 고백하고 용서를 구하면 아주 쉽게 죄 사함을 받는다. 그러나 복음은 다음과 같이 말하고 있다.

"몸은 죽어도 영혼은 능히 죽이지 못하는 자들을 두려워하지 말고 오직 몸과 영혼을 능히 지옥에 멸하실 수 있는 이를 두려워하라."(마 10:28)

독자들도 금방 알 수 있듯이 그들은 저 말씀과는 거꾸로 산다. 곧, 세상 사람들은 두려워서 죄를 낱낱이 고백할 수는 없지만, 하나님은 친구 같고 어머니 같은 존재라고 죄를 고백하기 쉽다. 하나님에 대한 두려움은 눈곱만큼도 없다! 그들의 문제는 바로 이것이다. 하나님에 대한 두려움은 전무한 상태! 그때 복음은 이런 자들을 위해 말한다.

"하나님을 두려워하는 것이 지혜의 시작이다!"(잠9:10)

이에 반해, 안티 클리마쿠스는 하나님을 두려워할 줄 아는 자다. 그렇기 때문에 그의 죄로 인해 하나님 앞에서 두려워 떨고 있는 것이다. 이것이 그가 절망하는 이유다. 이것이 절망의 변증법이다. 절망은 최악의 상황이기도 하지만, 하나님이 주신 뜻밖의 선물이기도 하다.[192] 절망하지 않는 한, 신앙에 이를 수 없으니까.

안티 클리마쿠스에 의하면, 절망이란 그리스도인이 되기 위한 필연적인 과정이 되어야 한다는 것이다. 이런 절망 없는 자가 그리스도인이 되면 싸구려가 되고, 밀양 영화에 나오는 유괴범, 살인자가 된다. 그러고도 그는 행복하다. 하나님이 용서했다고 착각한다. 그러나 그는 지혜가 부족하다. 하나님을 두려워할 줄 모르니까. 그는 그리스도인이라고 착각하고 있기 때문에 더욱 진리로 돌아오기가 어렵다.

몸과 영혼을 능히 멸할 수 있는 자를 두려워하라!

---

192 Søren Kierkegaard, *The Sickness Unto Death*, 26.

3. 자기해석학

하나님 앞에 선다는 것은 자신의 모든 속내가 드러나는 행위다. 이것이 이 책에서 말하려는 "거울보기"다. 거울 속에 자신을 본다는 것은 자신의 모든 속내가 다 드러나는 자기 폭로다. 거울 앞에 서지 않는 한, 그는 자기자신이 누구인지 알 수 없다. 따라서 이 부분은 소크라테스의 "너 자신을 알라!"와 관련된다. 그러나 키에르케고어에 의하면, 이것은 결정적인 말이 아니다. 결정적인 것은 이것이다.

"그때 너 자신을 올바르게 알기 위해 말씀의 거울 속에 있는 너 자신을 보라. 하나님 지식 없는 진정한 자기지식 없다. 하나님 앞에 서 있지 않는 한, 자기를 알 수 없다. 거울 앞에 서는 것은 하나님 앞에 서는 것을 의미한다."[193]

그렇다면 그에게서 거울을 보는 것은 정확히 무엇을 의미하는가? 그는 자신의 일기에서 다음과 같이 밝힌다.

"당신은 자신을 보는 것을 두려워하지 말아야 한다. 사람들은 물리적으로 자신을 보는 것을 두려워하고 있다는 것은 이미 잘 알려진 바이다. 미신을 믿는 사람들은 자신을 보는 것은 죽음의 전조라고 생각한다.

이것은 영적인 것이다. 즉, 자기자신을 보는 것은 죽는 것이다. 모

---

193   -JP IV 3902 (Pap. X⁴ A 412) n.d., 1851

든 착각과 위선에 대하여 죽는 것이다. 자기자신을 감히 보기 위해서는 위대한 용기가 필요하다. 이것은 오직 말씀의 거울 앞에서만 일어나는 일이다. 그렇지 않다면 이것은 너무 쉽게 사기, 기만이 되어버릴 테니까. 괴상한 산초 같은 자기지식은 자기자신을 그냥 버린다.

오직 진리만을 원해야 한다. 헛되이 우쭐되기를 바라지도 말고, 자신을 자학하면서 순수한 악마가 되기를 바라지도 말아야 한다. 죽어야 하는 존재로서, 옛사람으로서, 거울이 보여주는 자기에 대하여 확고한 증오를 품어야 한다."[194]

하나님 지식 없는 진정한 자기지식은 없다.

이것은 진정한 "나"를 찾는 과업이다. 이런 "나"를 찾는 운동은 헤겔의 절대정신과는 반대편에 놓이게 된다. 헤겔은 "의식의 바벨탑"을 쌓았다고 말한 적이 있다. 헤겔 이후에 정신분석으로 유명한 프로이트는 의식은 자아의 일부분에 불과하고 자아의 본질은 무의식에 있다고 보았다. 무의식의 "나"는 밝혀지지 않는 나이다. 다른 사람도 모르고 나 자신도 모르는 나다. 전적 타자로서의 "나"가 전정한 나라면 아마도 자기자신에 대하여 제대로 아는 사람은 세상에 하나님 말고는 아무도 없을 것이다.

---

194 Ibid.

이 부분에 대하여 프로이트 말이 맞다면, "의식의 바벨탑"을 쌓았던 헤겔의 주장은 무참히 무너지고 만다. "의식으로서의 정신"은 자격이 없다. 이미 모래 위에 지은 집에 불과하다. 반석 위에 집을 지으려면 무의식으로 돌아가야 한다. "무의식"이라는 토대 위에 다시 탑을 쌓아야 한다. 그러나 이것도 불가능하다.

프로이트가 자아의 본질은 무의식에 있다고 보았다면, 무의식의 본질은 무엇인가? 그가 생각한 무의식의 본질은 성욕(쾌락의지), 공격욕(권력의지)이었다. 그는 이런 인간의 원초적인 욕망으로부터 윤리가 생겨났다고 생각한다. 그에게서 윤리란 일종의 "거세된 욕망"과 같은 것이다. 한마디로 무의식은 인간의 문화, 윤리 심지어는 종교까지 지배하는 토대다. 말씀의 거울 앞에 선다면, 그래서 그 무의식의 속내가 다 밝혀진다면, 어떤 일이 벌어지겠는가? 온갖 죄의식이 싹터서 제 명에 살지 못할 것이다!

결국 의식에도 자기의 토대는 불가능하고, 무의식에도 자기의 토대를 만드는 것은 불가능하다. 인간이 절망할 수밖에 없는 진퇴양난은 여기에서도 일어난다. 해석학자로 잘 알려진 리쾨르에 의하면, 프로이트는 뒤로 가는 분석이고 헤겔은 앞으로 가는 종합이다. 즉 각각은 무의식을 향한 분석과 의식을 향한 종합이다. 진정한 "나"가 되기 위해서는 이 양자는 함께 어우러져야 한다. 헤겔의 정신 현상학에서 의식은 그 출발점을 끊임없이 비우고 마지막에 가서야 자기 확실성을 찾는 운동이다. 의식은 마지막에 관계된 것이고, 반면 무의식은 시

원적인 것이다.[195]

의식이든 무의식이든 자기의 토대는 불가능하다.

헤겔의 사상은 그 당시에 주류 철학이었고, 그 당시의 "시대정신"
이었다. 키에르케고어는 이 책 3부의 서두에서 시대정신을 무엇이라
고 말하는가? 늪지대의 안개와 같다. 언제 빠져 죽을지 모르는 정신
이다. 기독교적으로 말하자면, 한마디로 귀신이다. 이런 시대정신과
대척점에 있는 정신이 있다면, 그것은 거룩한 정신이고 바로 이 책에
서 말하는 "성령"이다.

이런 관점에서 볼 때 키에르케고어에게 진정한 "나"를 발견하기 위
해서 그 토대는 하나님이 되어야 한다. 오직 하나님 앞에 설 때만이
내가 누구인지 분명하게 밝혀진다. 새로 밝혀진 나는 "옛사람"으로서
의 나와는 근본적으로 다르다. 새로 밝혀진 나를 "새 사람"이라고 부
른다면, 새로운 나는 "거듭난 사람"이다. 우리는 이런 가운데 다시 태
어난 사람을 그리스도인이라고 부른다.

따라서 그리스도인은 일종의 의식과 무의식의 변증법적인 운동 가
운데 놓인다. 바로 그것이 회개와 후회의 운동이다. 말씀을 읽는다는
것은 거울을 보는 운동이고 자신이 어떤 사람인지 다 드러나는 자기

---

195 김선하, "프로이트의 의식과 자아에 대한 리쾨르의 해석," 「철학연구」, 81집 (2002): 78.

폭로의 현장이다. 이때 내면에 일어나는 필연적인 변화, 그것이 회개
와 후회의 운동이다.

　이때 먼저 옛 사람의 죽음을 요구한 자가 누구인가? 성령이다. 성
령은 살리는 영이다. 그러나 살리는 영이 먼저 죽음을 요구한다. 옛
사람의 죽음을 먼저 경험하지 않는 한, 새 사람으로의 변화는 불가능
하다. 육체의 죽음은 한 번만 죽으면 끝이다. 죽음과 함께 모든 것은
끝나고 만다. 그러나 세상에 대하여 죽는다는 것은 한 번 죽는 것으로
끝나는 것이 아니다. 사도 바울이 날마다 죽음을 경험하듯이[196] 그리스
도인은 시대정신에 물든 세상에 대하여 날마다 죽어야 한다.

　지금까지 살펴본 바에 의하면, 옛 사람의 죽음을 요구하는 성령, 그
에 따른 회개와 후회의 운동이란 자기해석학의 운동인 셈이다. 이것
은 마치 해석의 순환과도 같다. 끊임없는 자기의 재발견이다. 지금까
지 밝혀지지 않는 나(무의식의 나)를 찾고 옛날의 나와 결별하고 새
로운 나와 함께 살아가는 과정이다. 바로 이것이 말씀 읽기 혹은 거울
보기에서 가장 중요한 과제다. 말씀을 읽을 때 말씀이 자기자신을 폭
로하는 방식으로 읽지 않는 자는 말씀을 읽은 것이 아니다.

　자기의 토대는 하나님이 되어야 한다.

196　고린도전서 15:31

그렇다면 의식과 무의식의 종합은 가능한가? 심리학자 프랭클은 무의식의 토대를 프로이트와는 다르게 이해하고 있다. 그는 무의식의 토대를 "의미의 의지"라고 보았다. 삶의 의미를 묻는 인간은 동물과는 근본적으로 다르다고 말한다. 동물은 의미 물음을 던질 능력이 없다. 그러나 인간만은 삶의 의미를 묻는다. 삶의 의미를 알 수 없을 때 일종의 어떤 퇴행, 도피와 같은 일이 벌어진다고 한다. 쉽게 말해, 도대체 왜 사는지 알 수 없을 때 쾌락에 빠지거나(쾌락 의지) 돈, 성공, 명예, 권력과 같은 것을 추구하게 된다(권력 의지).[197]

개미떼도 집단생활을 하고 인간도 그렇다. 언뜻 보면 개미떼와 인간이 별 차이가 없어 보인다. 개미떼와 인간의 차이가 있다면, 인간은 존재의 의미를 묻는다는 것이다. 따라서 존재의 의미를 물을 수 없는 개미왕국은 역사가 있을 수도 없다.[198] 역사란 의미 물음을 던질 수 있는 인간만이 갖고 있는 독특한 능력처럼 보인다.

어쨌든 의미 물음이 어떻게 의식과 무의식을 종합시키는 열쇠가 되는지 살펴볼 차례가 되었다. 프랭클은 개인의 책임을 강조한다. 그는 인생은 의무라고 말한다.[199] 그에게서 로고 테라피란 "무의식을 의식화"함으로써 인간에게 책임감을 의식시키려는 것이다.[200] 자기가 왜

197 Viktor Frankl, 『삶의 의미를 찾아서』 김충선 역 (서울: 청아출판사, 2003), 15-109. 1부 로고테라피의 기초 전반을 이해할 필요가 있다.
198 Viktor Frankl, 『프랭클 실존 분석과 로고데라피』 심일섭 역 (서울: 도서출판 한글, 2002), 45.
199 Viktor Frankl, 『삶의 물음에 '예'라고 대답하라』 남기호 역 (서울: 산해, 2009), 34.
200 Viktor Frankl, 『프랭클 실존 분석과 로고데라피』, 42.

사는지 그 의미를 알 수 없는데 어떻게 그 삶을 견딜 수 있겠는가? 그
는 이런 의미의 의지는 일종의 정신적 버팀목을 제공한다는 것이다.[201]

또한 잠재된 무의식을 의식화하지 않는 한, 정신적으로 건강해질
수 없다. 정신적 치유는 무의식에 잠겨 있는 문제들을 의식으로 끄집
어내어 스스로 책임을 지도록 할 때만 가능한 일이다. 그때 옛 사람으
로서의 나를 버리고 새로운 나를 만들어 가는 과정이 의식과 무의식
의 종합이다. 곧, 무의식을 의식화함으로 의식과 무의식의 종합은 실
현된다.

　무의식을 의식화함으로 의식과 무의식의 종합은 실현된다.

그렇다면 이때 삶의 의미를 누가 묻는가? 일반적으로 삶의 의미는
"나" 스스로 묻는다고 생각한다. '나는 왜 사는가?', '나는 왜 이 일을
해야 하는가?' 그러나 프랭클은 이 지점에서 일종의 "코페르니쿠스적
전환"이 필요하다고 한다. 곧, 물음은 내가 던지는 것이 아니라 삶 자
체가 물음을 던진다는 것이다.[202] 그러면 우리는 매 순간마다 대답해야
입장이다. 이 물음에 대답해야 할 사람은 바로 "나"다.

문제는 삶이 물어오는 질문에 대하여는 종이에 글로 써서 대답할

201　Viktor Frankl, 『삶의 물음에 '예'라고 대답하라』, 135.

202　Ibid., 35.

수 없다는 점이다. 혹은 상황을 벗어나서 대답할 수 없다는 점이다. 이 질문에는 오직 행동으로만 대답할 수 있다.[203] 그의 이런 주장을 이 책에 맞게 해석한다면, 삶에 의미 물음을 던지는 분은 하나님이다. 우리가 말씀을 읽을 때 나는 질문을 던지는 입장이라기보다 말씀이 우리에게 행하고 있는지 끊임없이 질문을 던진다. '너는 이 말씀을 행했는가?' '너는 네 이웃을 내 몸처럼 사랑했는가?' 우리는 이 질문에 대하여 행동으로 대답해야 하는 입장에 설 때만 말씀을 제대로 읽은 것이다.

　밤도 대낮처럼 밝은 하나님 앞에 선다면, 숨길 것이 무엇이 있겠는가! 니고데모가 밤길을 택한다고 한들, 그래서 그가 몰래 주님을 만단다고 한들 그게 다 무슨 소용이 있겠는가! 그러나 이 구절을 읽고도 속으로 '나는 그런 엘리트가 아니야'라고 말하면서 이 말씀을 자신에게 적용하는 일을 하지 않았다면, 이 책이 말한 대로 그는 한 번 더 어두운 밤에 자기자신을 숨기는 죄를 범한 것이다. 그는 한 번 더 죄 위에 또 다른 죄를 쌓은 것이다. 이런 상황에서 어떻게 말씀이 이 사람을 변화시킬 수 있겠는가? 그의 속에 감추어진 무의식에 실체가 어떻게 말씀 앞에서 드러날 수 있겠는가?

　이런 사람은 말씀을 읽었지만 읽은 것이 아니다. 읽기와 읽기 사이를 구별하라! 그가 하나님 앞에 선 것 같지만, 가장 교활하게 하나님

203　Ibid., 38.

으로부터 가장 먼 곳에 선 것이다. 이런 자는 마치 헤어지면서 등을 돌린 것이 아니라 뒷걸음질하는 것과 같다. 헤어지는 것 같으나 헤어지지 않는 듯한 착각만 불러올 뿐이다. 실상은 하나님과 가장 먼 거리에 있다.

　지금까지 논의를 종합하자면, 말씀을 읽는다는 것은 일종의 자기 해석학이고 자기 폭로다. 말씀을 읽을 때 자신의 속내가 다 드러나야 하는 것인데, 이 속내는 우리 속에 감추어진 무의식이다. 이것은 하나님 앞에 서는 것과 같고, 이로 인해 두렵고 떨릴 수밖에 없다. 죄 있는 인간이 죄 없는 하나님 앞에 선다는 것은 모세가 경험한 것처럼 "죽음의 경험"이다.[204]

204　출애굽기 33:20, "또 이르시되, 네가 내 얼굴을 보지 못하리니 나를 보고 살 자가 없음이니라."

키에르케고어의 일기와 기록 중에서

*『자기 시험을 위하여』 원고에서 삭제된 내용

저자 서문 –*JP* VI 6770 (*Pap.* X⁶ B 4:3) *June* 1851

내가 집필하면서 이해한 것들을 끝마쳤다.

『이것이냐 저것이냐』부터 반성에 관한 종교적인 안티 클리마쿠스에 이르기까지 연속성 있는 나의 사상이다. 이 과업이 나를 사로잡은 것이다. 종교적으로 내가 사로잡혀 있었으니까. 나를 사로잡고 있는 책임으로, 나의 의무로 이 집필 작업은 완성했다고 나는 이해했었다. 누군가 내 책을 사든 읽든 별로 상관하지 않는다. 가끔 펜을 내려놓을 것을 고려하기도 했으나 무언가 할 일이 있다면, 나의 목소리를 사용하리라.

그동안에 더 깊이 사색하다가 적어도 다시 한 번 펜을 사용하되, 다른 방법으로 사용할 것을 깨달았다. 나의 목소리를 사용하는 것처럼 동시대의 사람들에게 직접 전하는 것이다. 사람들을 설득하기 위해서 말이다.

사람을 설득하기 위한 첫째 조건은 전하려는 것이 그들에게 전달되는 것이다. 따라서 나는 당연히 이 작은 책이 가능하면 많은 사람들에게 알려지기를 바란다. 선한 목적으로, 다시 반복해서 선한 목적에 대한 관심으로 누군가 이 책을 보급하기 바란다면, 나에게는 좋은 일이다. 그가 이 책을 잘 이해하고 보급하는 데 헌신한다면 더욱 좋다.

독자에게 요청, 긴급한 요청이 있다. 곧, 가능하면, 큰소리로 읽기를 간청한다. 그렇게 한다면, 나는 그 모든 사람에게 감사할 것이다. 뿐만 아니라 그렇게 하도록 다른 사람에게 독려한 모든 사람에게도 역시 감사할 것이다.

한 가지가 더 있다. 나는 사람을 설득하기를 바라며 파티를 열고 세속적이고 감각적인 친목을 다지려는 의도는 전혀 없다. 이건 말할 필요도 없다. 아니, 나의 소원은 사람들을 설득하려는 것뿐이다. 기독교를 위해 가능하다면 모든 사람(각각의 개인)을 말이다. 1851년 6월 S.K

소크라테스 —*JP* VI 4283 (*Pap*. X⁴ A 314) *n.d.*, 1851

그는 제공된 연설문을 사용하지 않았다. 인위적으로 꾸민 것, 우아한 설명을 하는 것이 그의 위엄에 맞지 않을 뿐더러 부적절하다는 것이다. 그는 "준비 없이*ex tempore*" 말하기를 원했다.

그의 관점이 삶, 실존, 현존인 사람이라면, 수도꼭지만 틀면 물이 나오는 것처럼 어느 때라도 잘 준비된 연설을 할 수 있다. 애써 준비된 연설을 한다면 오히려 의심할 것이다. 그것은 그를 개인적으로 혼란스럽게 할 뿐더러 청자의 생각을 중요한 것 말고 어딘가로 이끌어 버린다.

종교적 관점에서 말은 본질적으로, 또 이런 이유로 인해 "준비 없이" 행해야 한다. 이런 식으로 자기 마음대로 이런 교활하고 신중한 전환을 해서도 안 되고, 자신을 보호하고자 연설에 그림자를 드리워서도 안 된다. 다만 연설하는 것이 옳다.

준비 없이 말하는 것이 겸손이다. 앉아서 연설문을 작성하는 것만으로도 기쁨일 수 있겠지만, 예술적으로 공들여 선택하지 않는 한마디의 단어도 말하지 않았다고 깨닫는 것 역시 기쁨이다.

마침내 실제로 구체적인 연설을 했다면, 그것은 낭비된 노동이 될 것이다. 청중의 천 명 중에 단 한 명도 그 정도 수준을 들을 수 있을 만큼 진보하지 못했기 때문이다. 청중은 하나를 들으면 하나를 까먹고, 결국 대부분의 연설을 놓치고 말 것이다. 연사 역시 너무 많은 것을 낭비한다. 무엇보다 연설문을 작성하는 데 시간을 낭비했고, 그때인지 언제인지 그것을 기억하는 일에 시간을 낭비했다.

시편 144편 3절

사람이 무엇이기에 주께서 그를 알아주시며, 인생이 무엇이기에 그를 생각하시나이까?

기도

하늘의 계신 아버지!(25페이지 본문 내용과 같음)

나의 청자, 내가 말한 것으로 혼란스러워 하지 말라. 다만 공감하며 들어보라. 아무것도 몰두하는 일에 방해하는 일이 없도록, 내가 이것을 말한다. 이것은 나 자신에 대한 말이다.

작가로서 공들인 일, 과도하고 정교하게 작업한 일로 인해 나는 해를 입었다. 보기 드문 일이지만 내가 설교를 행했다면, 먼저 설교를 수행하고 그 기준에 따라 그것을 기억하는 것이 나의 습관이다. 나는 이것이 종교적으로 의심스러운 일이라는 것을 깨닫게 되었다. 왜냐하면 그것은 나의 관심을 중요한 문제에서 벗어나게 하는 경향이 있기 때문이다. 또한 청자들의 관심을 중요하지 않는 문제에 집중하게 한다.

게다가 나의 마음에 떠오른 것은 저 소박한 현자가 말한 것이다. 그가 고소당했을 때, 연설가는 그에게 완성된 변론문을 건네주었다. 소크라테스는 그것을 읽었고 다시 그에게 돌려주며 말했다.

"아주 훌륭하고 잘 작성된 변론문이군요. (내가 돌려준 것은 변론문이 형편이 없기 때문이 아닙니다.) 다만 내 나이가 벌써 70세가 되었소. 나는 이 일이 연설가의 기술을 사용할 만한 가치가 있다고 느끼지 않소."

그가 말한 것은 다음을 의미했다. (1) 나의 삶이 너무 진지한 나머지 설득력eloquence에 의지할 수 없다. (2) 나의 생각이 곧 나의 삶이다. 나의 생각은 언제나 나에게 현존한다.

이것은 설교에 있어서도 마찬가지이다. "오직 너희 말은 옳다 옳다, 아니라 아니라 하라 이에서 지나는 것은 악으로부터 나느니라"라고 복음이 말하는 것처럼, 기독교 관점에서 보면, 악에서 나오는 것이 설득력이다. 따라서 나는 준비 없이ex tempore 말하기로 결심했다. (다만 이것은 몇 년 동안 실제로 행했을 때 고려될 수 있다.) 나에게 이것은 고통스럽다. 그 반대가 더 즐겁기 때문이다.

당신, 나의 독자, 내가 이 측면에서 조금만 바꾼다면, 호기심에 가득차서 오늘 여기에 누군가 온다면, 이것을 자신에게 인정하거나 인정하지 않을 것이고, 인정한다면 자기자신을 바꿀 것이다. 그때 당신은 오늘 교회에 가 본 적이 있다고 말할 수 있을 것이다. 이에 대하여 당신께 감사한다!

오, 하나님. 내가 시편 기자의 말대로 나 자신에 대하여 당신께 기도합니다. "여호와여, 내 입에 파수꾼을 세우시고, 내 입술의 문을 지키소서."(시편 141:3) . . . . 그가 침묵하기 원해서 말한 것이 아니다.

하나님께서 그와 그가 말한 것을 지켜보고 계시기 때문이다.

소개 *-Pap. X⁶ B 2 n.d.,* 1851

시대는 다르고 다른 요구조건을 갖고 있다. 복음이 다시 율법으로
바뀐 때가 있었다. 모든 것은 고통스러웠다. 모든 것은 행위였다. 하
나님은 인색했다. 대부분 행위는 위선, 공로의 교만, 게으름이었다.
오류는 명확히 거기에 있었다. 우리가 더 앞으로 나가 행위를 제거하
지 말자. 다만 행위로부터 이것을 제거하라. 행위를 정직과 겸손과 유
익한 활동으로 계속 간직하라. 하나님이 가난한 자의 친구인 것처럼
말이다.

모든 것은 행위였다. 그때 루터가 나타났고 믿음의 권리로 믿음을
세웠다. 그가 성서에서 야고보서를 빼버리라고 생각했다는 사실로 당
신은 얼마나 위험한 결정을 내릴 수 있는가.

루터는 믿음을 세웠다. 그러나 그때 무슨 일이 일어났는가? 세속주
의secular mentality가 나타났고 이것을 헛되게 했고 행위로부터 자유롭게
되어 기뻐했다.

지금 우리는 어디에 있는가? 나는 권위가 없다. 누구도 판단하지
않는다. 따라서 나는 자 자신을 사용해야 한다. 잠깐만이라도 "믿음은
요동치는 것"이라는 믿음에 대한 루터교의 자격요건을 따라 내 삶을

시험한다. [여백에서: 첨부된 것을 보라(소실됨)]

루터가 몇 년 동안 우리와 함께 살고 있고 우리를, 나뿐만 아니라 다른 사람들도 관찰했다고 가정해 보라. 지금 나에게 묻는다.

"당신은 믿음이 있는가?"

특별히 내가 작가로서 믿음이 없다고 말한 것을 언급할 수 있다. 하지만 내가 그렇게 하지 말아야 한다. 결국 나는 다른 사람들처럼 믿는 자로 일컫게 될 것이다. 그래서 당신은 믿음이 있는가? 그러나 누구도 당신에게 아무것도 눈치채지 못했다. (발전시킬 것). 따라서 나는 이 시험에서 낙제 받을 가능성이 크다. 루터가 말하듯이 믿음은 요동치는 것이기 때문이다. 이 지점에서 루터처럼 믿음의 영웅 속에 요동침에 대해 서술(고독한 사람-영적 시험-공포).

그때 나는 불안, 동요, 모든 것의 전복, 혼란을 설교하는가? 아니, 나의 삶을 언급한다. 나의 삶은 정확히 그 반대를 증거하고 있다. (조금 더 발전시킬 것).

그러나 기독교 관점에서 두 가지 종류의 혼란이 있다. 하나는 동요이고 외재성이다. 다른 하나는 죽음의 고요, 죽는 것, 아마도 가장 위험한 것이다.

내가 일한 것은 후자에 반한 것이고, 내적 성숙을 위한 요동침을 일깨우기 위해 일했던 것이다. [이 부분은 기본적으로 본문과 같음]. 나는 이런 상상의 도움으로 영향을 끼치는 권위 없는 시인일 뿐이다.

예를 들어, 당신은 자신을 그리스도인이라고 부른다. 언젠가 당신

은 다른 모든 사람들처럼, 죽을 것이고 물론 영원히 축복받기를 기대
한다. 완전히 다른 표준을 따라 그리스도인이 되기를 추구해야만 했
던 사람들처럼 영원히 복받기를 바란다.

나는 권위가 없으나 권위가 있는 누군가 아마 당신에게 다른 방식
으로 말한다. 두렵게도 그는 당신이 속았다고 말한다. 당신의 영원한
축복은 극도로 의심스러운 문제라고 말한다. 아, 나는 약하다. 나는 감
히 이런 식으로 말할 수 없다. 그러나 나는 말한다.

"당신의 삶을 그런 신앙인의 삶과 비교해보라. (당신의 모든 기쁨-
그들의 모든 고난-발전시킬 것) 그때 그럼에도 불구하고 둘 다 동일
하게 복을 받게 될 것이다."

당신은 이로 인해 혼란스러워지는 경험을 하게 될 것이고 다음과
같이 말할 것이다.

"그때 나는 적어도 다시 한 번 이 영광스러운 사람들을 기억할 것
이다. 나의 삶을 그들 아래 겸손히 낮출 것이다."

그때 당신은 즉각적으로 내적 성숙을 향한 어떤 요동침의 운동을
하게 될 것이다.

루터와 함께 했던 나의 경험을 기억하라. 자, 다른 사람들도 루터와
함께하는 같은 경험을 한다고 상상해 보라. 루터가 그 상태를 알고 있
다고 상상해 보라. 그가 무엇을 말할 것인가? 그는 다음과 같이 말할
것이다.

"행위는 다시 강화되어야 하네. 물론 야고보 서신도 한 지점을 맡아

야 하고. 야고보서가 믿음에 반하지 않다네. (야고보서가 그것을 의미하는 것도 아니고) 오히려 믿음을 위해 존재하지."

야고보서는 말한다.

"말씀을 듣기만 하지 말고 행하는 자가 되라."

그러나 말씀을 행하는 자가 되기 위해서, 무엇보다 말씀을 듣는 자나 읽는 자가 되어야 한다. 이것이 야고보서가 말하는 것이다.

지금 우리가 그 본문 앞에 와 있다. 그래서 우리가 진정한 축복으로 말씀의 거울 속에 있는 자기자신을 보는 방법에 대하여 말해야 한다.

(1) 당신은 거울을 보지 말아야 하며, 거울을 관찰하지 말아야 한다 (거울의 틀, 테두리 등). 다만 거울 속에 자기자신을 보아야 한다. (순교자 사보나롤라에게서 인용)

그러나 이것은 우리가 행하고 있는 것이 아닌가? 예비적 학문과 그에 속한 모든 것.

하나님의 말씀은 어떻게 읽어야 하는가? 적어도 남성lover이 애인으로부터 온 편지를 읽은 것처럼.

[여백에서: 나의 독자, 당신은 하나님의 말씀을 얼마나 소중히 여기는가? 자, 말씀을 너무 가치 있게 여긴 나머지 그것을 서술할 표현이 없다고 말하지 말라. 말하기에는 너무 고귀해서 사람이 아무것도 말하지 못하는 것이 있다. 우리가 애인에게 온 편지를 계속 고수해보자.]

그러나 당신은 성서가 외국어로 쓰여 있다고 말한다. 그러나 이것은 학자들에게만 적용된다. 당신이 원어로 성경을 읽기 원하는가? 좋다, 애인의 편지가 외국어로 쓰여 있게 해보자. 이 경우, 그는 먼저 사전으로 편지를 읽을 것이다. 그때 그는 편지를 읽기 시작해야 한다고 말할 것이다. 그 편지에서 무언가 해야 하는 소원이 있다면, 그는 즉각적으로 그것을 행할 것이다.

오해로 인해 그가 너무 많은 것을 행했다고 상상해 보라. 당신은 그가 그것을 후회할 것이라고 생각하는가? 혹은 당신은 그의 애인이 그를 경히 여길 것이라고 생각하는가? 혹은 학생이 할당된 양보다 더 많은 숙제를 했다고 상상해 보라. 당신은 선생이 그를 가벼이 여길 것이라고 생각하는가?

그러나 오늘날 하나님의 말씀은 어떻게 읽혀지고 있는가? 과연 하나님의 말씀과 홀로 서는 사람이 얼마나 보기 드문가? 그의 손에 말씀이 있다고 해도 말이다. 괴팍한 현대인을 조심하라고 경고한 것만큼 누구도 말씀에 대하여 경고하지 않는다. 저 사람은 하나님의 말씀을 완전히 제쳐놓음으로 자기자신을 방어할 수 있다. 그러나 또한 하나님의 말씀을 박식하게 읽음으로 자기자신을 방어할 수도 있다.

결과적으로 관심을 거울에 돌리지 말고 거울 속에 당신 자신을 보기를 시작해야 한다는 것을 유념해야 한다.

(2) 따라서 당신은 끊임없이 자신에게 말해야 한다. "말씀이 말하고 있는 것은 나다."

다른 사람이 교활하게 이것이 헛되다라고 말할 때, 스스로 속지 않도록 하라.

아니, 명확히 이것이 진지함이다. 다리우스 왕에게 노예가 있었는데, 그는 왕께 복수에 대하여 생각나게 했다. 그러나 다윗 왕에게는 나단 선지자가 있었다. 그는 "당신이 그 사람이라"라고 말했다. 그 문제는 나단이 "당신이 그 사람이라"라고 말한 후에 완전히 다른 것이 되어 있었다.

[여백에서: 물론 다윗은 시인이자 평론가이다. 나단은 다윗보다 더 나은 사람에게 말을 걸 수는 없었다. 그는 그 이야기를 잘 들었고, 그 이야기를 존중했고, 아마도 특별한 표현에 대하여는 미적인 결점을 지적했을 것이다. 곧, 그 이야기가 예술적으로 적절하지 않다는 것이다. 다시 말해, 나단이 "당신이 그 사람이라"라고 말할 때까지 그는 객관적이지 않았다. 결국 다윗은 그런 행동이 얼마나 혐오스러운지를 알았다. 그는 그 행동을 멋지게 서술할 수도 있었을 것이다. 그는 물론 그 행동이 죄였다는 것도 알았다. 다만 이 예에서 그는 자기자신에게 당신에 대하여 아무것도 말하지 않은 채, 자기자신과 관계할 수 있었다.]

예. 당신은 여리고에서 예루살렘으로 여행하는 사람에 대하여 읽는다. . . . 같은 길을 따라 제사장이 걸었으나 그냥 지나쳤다. 그대 당신은 "이것은 나다"라고 말해야 한다. (당신이 제사장이 아니라는 사실을 이용하지 말아야 한다. 그것은 제사장이었고 제사장들이 그와 같다고 말하지 말아야 한다.) 레위인: "이것이 나다." 사마리아인, 여기에서 당신은 "이것은 내가 아니다"라고 말할 수 있다. 가서 이와 같이 하라: "이것은 나다."

당신은 "나는 당신에게 장담하건대, 나는 누군가 강도의 공격을 받고 누워있는 그런 길을 따라 걸어본 상황에 처한 적이 없다"라고 말하지 말아야 한다. 그런 일은 우리에게 이야기된 적도 없다. 당신은 길에서 비판하는 자가 공격했던 누군가를 본 적이 없었는가? 제사장이 같은 길을 따라 왔고, 그 이야기를 더 퍼뜨렸다. 그리고 레위인, 그리고 당신.

니고데모. 우연히 밤에 빛이신 그분께 나온다는 것이 얼마나 이상한가? 그것이 무슨 소용이 있는가? (시편 139:11, 만약 내가 "확실히 어두움이 나를 덮을 거야"라고 말한다면, 내 주변에 있는 밤은 빛이 될 것이다. 어두움 자체는 당신에게 어두움이 아니다. 밤이 대낮처럼 밝기 때문이다.) 그러나 우리는 그가 왜 밤길을 택했는지 이해한다.

당신이 이 부분을 읽을 때 니고데모를 판단하지 말아야 한다. 다음과 같이 말하지도 말아야 한다.

"그는 엘리트 중에 한 사람이었어. 그들은 그런 식이야. 겁쟁이인데다가 배신도 잘한다고."

아니, 당신은 다음과 같이 말해야 한다.

"이것은 나다. 게다가 도피할 데를 찾기 바란 것도 나다. 따라서 다시 한 번 나 자신을 밤의 어두움에 숨긴 것이다. 마치 이 말씀이 엘리트에게만 말씀하신 것처럼 문제를 전환시킴으로써 말이다."

(3) 당신은 즉시 잊지 말아야 한다. 즉시 잊는 것을 예방함으로 절
대 잊지 말아야 한다.

[여백에서: 혹은 당신이 잊지 않도록 즉각적으로 주의해야 한다. 이
것이 최선이다. 왜냐하면 "나는 결코 잊지 않는다"라고 즉시 말하는
것은 당신이 즉시 그것을 잊지 않을 것을 주의하는 것과 사실상 같기
때문이다.]

자, 당신이 여기에서 떠날 때, 설교를 비판하지 말라. 이 또한 잊어
버리는 것이다. 어떤 면에서는 그것이 설교를 기억하고 있는 것일지
라도 그렇다. 무엇보다 그 본문을 기억하라. 집에 갔을 때, 다시 한 번
그 본문을 읽으라.

그리고 당신, 여자여, 당신은 진실로 들어야 하는 방법에 대한 모
범을 갖고 있다. 마리아가 한 것처럼 당신의 마음속에 그것을 숨기라.
여자는 설교하지 말아야 한다.(베드로의 편지) 집에서도 하지 말아야
한다. 아니, 본질적으로 침묵하라. 침묵은 어마어마한 능력이다. (아
벨의 피는 하늘에 울부짖는다. 오렌지의 윌리엄.) 여성적 침묵에 대한
찬양. 전적으로 집에 머물면서, 그녀의 일을 하면서 침묵하고 있다는
것을 표현하고 있는 여자. 그녀가 생각하고 있지만 그것을 말하지 않
는 다른 무언가가 있다는 것을 표현하고 있는 여자. 기껏해야 그녀의 남
편에게 "다음 주일에 우리 교회 갈 거죠?"라고 표현하는 여자.

[여백에서: 그녀는 그것에 대해 아무것도 말하지 않는다. 다른 무언가에 대하여 말한다. 당신이 거기에 앉아 그녀를 바라볼 때, 당신은 그녀는 침묵하고 있다고 말한다. 그녀는 전적으로 자신의 가사 일에 현존한다. 기쁨과 농담과 유쾌함으로 가득 차 있다. 그녀는 아이들보다 집안에 더 큰 기쁨이다. 당신이 거기에 앉아 그녀를 바라볼 때, 당신은 그녀가 침묵하고 있다고 말한다.]

그리스도는 길이다 —*Pap.* X^6 B 3 *n.d.*, 1851

그분이 길이라고 말했다. 그렇기 때문에 이것은 진리임에 틀림이 없다. 그러나 그분은 이중의 의미에서 길이다. 여기 이 땅에서의 길과 저 승천에서의 길이다. 양자 모두 논의되어야 한다. 그러나 우리는 승천에 대하여만 듣기를 바라는 경향이 있다. 그때 우리는 그분을 망령되이 일컫게 된다.

그리스도는 길이다

좁은 길

A.

좁은 길은 (1)시작에서 좁다. (그는 마구간에서 태어났고, 가난하고 비천하게 살았다. 머리 둘 곳조차 없었다.) 그때 모든 시험은 그의 생명과 소명을 무효화시키는 것과 관련이 있었다. (왕이 되기, 무언가 대단한 자가 되기). 그래서 그의 전 생애는 시험의 이야기였다. 그가 미리 운명을 알았다는 사실, 그것은 시작부터 그를 가장 무겁게 짓누르는 것이었다. 그의 모든 사역이 자신을 거역하여 일한다는 것을 의식하고 있다는 사실.

따라서 이 좁은 길은 (2) 점점 더 좁아지다가 결국에는 죽음에 이른다. 조금씩 더 쉬워지는 길, 그 길은 그리스도의 길인 그런 길이 아니다. 그런 길은 상식의 길이다. 상식의 길은 지혜롭게 약간의 고난을 견딘다. 이후에 이로 인해 생기는 유익에 의존한다.

아니, 그리스도의 길은 점점 더 좁아진다. "내가 불을 당기러 왔다. 이미 불이 붙었으면." "내가 얼마나 이 세대를 참아야 하는가?" "아버지, 가능하시면, 이 잔을 내게서 옮기시옵소서." "나의 하나님, 나의 하나님, 어찌하여 나를 버리셨나이까?"

B.

승천, 이 길에서 그리스도는 또한 길이다. 그러나 좁은 길은 끝까지 좁다. 죽음이 사이에 들어온다. 그때 승천이 있다. 처음에는 좁다가 이 생에서 점점 더 쉬워지는 길은 승천만큼 높이 올라가지 못한다. 아니, 길이 끝까지 좁아질 때, 승천만이 높이 올라간다.

C.

　나의 독자, 당신은 이 길을 따라 걷고 있는가? 내가 홀로 말했던 것을 기억하라. 나의 길은 그리스도가 길이라는 저 모든 좁은 길에 해당되지 않는다. 혹은 그 길이 승천으로 끝나는 그런 길에 해당되지 않는다.

　경건한 사람이 지옥으로 여행하는 사람의 길도 좁은 길이라고 말한 적이 있다. (발전시킬 것). 일반적인 인간의 고난은 가장 엄밀한 의미에서 그리스도가 저 길인 그런 좁은 길이 아니다.

　그러나 사람은 승천을 의심했다. 나는 궁금하다. 그들의 삶이 본받음의 흔적을 지닌 사람 중에 누가 승천을 의심했는가? 아니, 그러나 사람은 향방 없이 의심한다. 단지 작은 규모라도 본받음을 시작하라. 그러면 당신은 그가 실제로 하늘로 승천했다는 확신을 갖게 되는 것을 알게 될 것이다.

　[여백에서 삭제된 것: "어떤 근거들"을 발전시키는 것이 승천에 대한 의심이 아니라 이를 위한 근거들이 의심을 창조했다. 그것은 더 강해진다. 본받는 자는 생각해야 할 다른 것이 있다. 따라서 그는 승천을 의심하지 않는다. 그는 승천이 필요하다. 따라서 그는 승천을 믿는다. (먹는 자에게서 먹는 것이 나온다.)]

　당신이 승천을 의심하기 시작했다면, 내가 행한 대로 하라. 자신에게 말하라: 나의 삶은 본받기 위해 충분히 분투하지 않았다. 아, 그러나 무엇보다 의심함으로 거드름을 피우지 말라. (이전 시대에는 가난한 자에게 모든 것을 줌으로 거드름을 피웠다. 이상하게도 요즘은 의심하면서 거드름을 피운다.)

아니, 고백하라. 그러면 다음을 알 것이다. 당신이 본받음의 방향으로 더욱 모험할 수 있도록 감동을 받고 승천에 대한 확신이 오든가, 적어도 의심하지 않도록 당신 자신을 낮추든가. 그래서 당신은 겸손하게 말했을 것이다.

"하나님께서 긍휼을 베푸시어 나를 본받음에서 완전히 면제된 어린아이처럼 다루신다면, 나는 무엇보다 승천을 의심하는 그런 거만한 아이가 되지는 않을 것이다."

오, 당신이 존경을 받고 있고, 다른 사람들의 칭찬을 받는 삶을 살 때, 당신이 말한 적이 없는 많은 것을 말하는 유혹에 빠지기 쉽다. 그러나 당신은 그럼에도 그것들에 대하여 해명해야 한다. 게다가 당신은 승천에 대한 생각이 마음에서 슬쩍 빠져나가는 것을 보게 될 것이다. 아마도 당신은 의심하며 말할 것이다.

"승천, 그것은 모든 자연법칙에 어긋나지."

그러나 당신이 버림받고, 핍박받고, 조롱을 당한다면, (어떤 선한 목적으로, 그렇지 않다면 무익하니까.) 당신은 의심하지 않는다는 것을 알게 될 것이다. 당신 안에 있는 믿음과 고난의 괴로움이 모든 것을 파멸시킨다. 왜냐하면 당신은 승천이 필요하기 때문이다. 당신이 본받음이 방향으로 모험하지 못했기 때문에 자신을 낮추었다면, 그때 당신은 또한 의심하지 않을 것이다.

최근 출간한 저서와 관련하여 – *JP* VI 6786 (*Pap.* X⁶ B 145) *n.d.*, 1851

. . . . 잘 알려지다시피, 나의 저서는 둘로 나뉜다. 하나는 가명이고 다른 하나는 나의 서명이 있는 저서이다. 가명의 저자들은 이상화된 poetical poetically 익명의 유명인들이다. 그들이 말한 모든 것들은 이상화된 개성에 잘 어울리도록 만들어졌다. 가끔 나의 서명이 들어간 서문에서 조심스럽게 가명의 저자가 무엇을 말하는지 해설한 적이 있다. 조금이라도 상식을 가진 자는 누구나 이상화된 유명인들이 말한 모든 것을 나의 것으로 돌린다면 우스꽝스럽게도 혼란을 불러온다는 것을 알 것이다.

그럼에도 불구하고 안전한 측면에 있기 위해, 가명의 저자로부터 무언가를 인용하기 원하는 자는 그 인용을 내 것으로 돌리지 않기를 명백히 주장하는 바이다. (『결론의 비학문적 후서』에서 나의 후기를 보라.) 이것을 보는 것은 쉽다. 곧 문학적 농담을 하겠다는 자는 "유혹자"로부터, 그때 요하네스 클리마쿠스로부터, 그때 나로부터 뒤죽박죽 몇몇 인용구절을 가져가면 된다. 그것들 모두 내가 말한 것처럼 함께 인쇄하라. 그것들이 서로 어떻게 모순되는지를 보여주라. 아주 무질서한 인상을 창조하라. 저자는 일종의 미치광이인 것처럼 말이다. 만세! 이런 일이 일어날 수 있다. 내 의견에, 혼란한 방식으로 글을 인용함으로써 나에게서 이상화한 이용하는 누구나 사기꾼이거나 문학적 술고래다.

작은 책『저자로서 나의 작품에 대하여』에서 선포한다: "이 책은 직접적 전달로 끝내야 한다." 다시 말해, 나의 서명이 사용되지 않았던 간접 전달을 대표한 가명의 저자로 나는 시작했다. 나는 조금 일찍 (『그리스도교의 훈련』 서문에 이 책의 저자, 마지막 가명의 저자 안티 클리마쿠스이다. 다시 이것은 간접 전달의 강화이다.) 진술을 남겼다: 나는 전체(전체 책)를 나에게 언급한 것으로 이해한다. 내가 은혜에 의지할 수 있는 법을 배울 수 있도록 말이다. 결과적으로 이 책은 직접 전달하면서 끝난다.